U0576001

# 基于工作过程的德技创融合模拟实践教学

刘幸福　著

中国财富出版社有限公司

**图书在版编目（CIP）数据**

基于工作过程的德技创融合模拟实践教学 / 刘幸福著. — 北京：中国财富出
版社有限公司，2025.1

ISBN 978-7-5047-7891-8

Ⅰ. ①基…　Ⅱ. ①刘…　Ⅲ. ①职业教育—师资培养—研究　Ⅳ. ①G715

中国国家版本馆CIP数据核字（2023）第141910号

| | | | | | |
|---|---|---|---|---|---|
| **策划编辑** | 孟　杨 | **责任编辑** | 孟　杨 | **版权编辑** | 李　洋 |
| **责任印制** | 尚立业 | **责任校对** | 孙丽丽 | **责任发行** | 董　倩 |

| | | | | |
|---|---|---|---|---|
| **出版发行** | 中国财富出版社有限公司 | | | |
| **社　　址** | 北京市丰台区南四环西路188号5区20楼 | | **邮政编码** | 100070 |
| **电　　话** | 010-52227588 转 2098（发行部） | | 010-52227588 转 321（总编室） | |
| | 010-52227566（24小时读者服务） | | 010-52227588 转 305（质检部） | |
| **网　　址** | http://www.cfpress.com.cn | **排　　版** | 宝蕾元 | |
| **经　　销** | 新华书店 | **印　　刷** | 北京九州迅驰传媒文化有限公司 | |
| **书　　号** | ISBN 978-7-5047-7891-8 / G・0793 | | | |
| **开　　本** | 710mm × 1000mm　1/16 | **版　　次** | 2025年1月第 1 版 | |
| **印　　张** | 17.75 | **印　　次** | 2025年1月第 1 次印刷 | |
| **字　　数** | 328千字 | **定　　价** | 68.00 元 | |

# 序　言

近年来，教育领域课程改革的呼声日渐高涨，教师对"课堂革命""金课""课程思政""三教改革"等热词已耳熟能详。但需要注意的是，2022年修订的《中华人民共和国职业教育法》规定，"职业教育是与普通教育具有同等重要地位的教育类型，是国民教育体系和人力资源开发的重要组成部分，是培养多样化人才、传承技术技能、促进就业创业的重要途径"，因此职业教育必须深化改革，采取有别于普通教育的课堂教学方式。

在此背景下，广大职教同人在教法、教材改革中投入了大量的精力，产出了很多基于工作过程或行动逻辑的研究成果，对职业教育的课程、教学、活页式教材、项目教学法和"双师型"教师培养等不无裨益。相关著作的大量涌现，充分表明上述研究成果焕发出的勃勃生机。《基于工作过程的德技创融合模拟实践教学》一书按照职业教育的本质要求，探索"思政铸魂、德技并举、理实交融"的育人理念和育人模式，将基于工作过程的课堂教学、项目教学法和模拟实践教学有机结合，建立"德、技、创"相融合的模拟实践教学法，将德育和"三创"教育内容融入专业技能的课堂教学之中，能够很好地解决中职学校财经商贸类专业课程缺乏实习实践场所等问题，应用"理实一体化"教学模式，有助于培养学生的创新创业能力、提高学生的实际动手能力。值得一提的是，书中的微社会课堂教学理论、四字教学法、四字学习法具有一定的创新性和实用性。其中，中职学校微社会课堂教学理论，是将思政教育和德育有机融入课堂教学中；四字教学法和四字学习法，为新入职教师和年轻教师迅速掌握实用的教学方式提供了门径，为职业院校学生掌握实用的学习方法提供了指引。

当然，学无止境。书中也有需要改进的地方，比如对基于工作过程的课堂教学的阐述还不够细致。基于工作过程的课堂教学就是要把每一项任务的具体步骤分解并细化为教学过程和教学内容，然而本书没有把每项典型工作任务的工作步骤进行具体阐述。当然，凡事不能求全责备，改革的道路永无止境。作者作为一名普通的中职学校专业教师，能够秉持职业教育的类型特征，坚持课程和教学的改革探索，已是难能可贵。

本书最大的特点是既有教育理论探讨，又有课堂教学实践支撑，并收录了大量的学生对课堂教学的建议和意见，值得教育界同人，尤其是新进入职业教育队伍的教师以及想继续提高自己教学水平的中职教师阅读和参考。

职业教育改革道阻且长，行则将至。愿广大职业教育工作者勠力同心，踔厉前行，笃行不怠，继续为职业教育发展贡献自己的智慧和力量。

是以为序，与同人共勉。

姜大源教育名家工作室

姜大源　闫智勇　吴全全

2024 年 10 月 2 日

# 前　言

2019年1月，国务院印发《国家职业教育改革实施方案》强调，落实好立德树人根本任务，健全德技并修、工学结合的育人机制，完善评价机制，规范人才培养全过程。

国家之所以提出"德技并修、工学结合"，是因为职业教育中存在"重技轻德"和理论脱离实际等问题。德技创融合是解决职业教育德技创分离、实现德技并举的重要抓手，基于工作过程的模拟实践是解决职业院校财经商贸类专业实践难问题、实现理实交融的重要途径。将德技创融合育人模式和基于工作过程的理实交融技能训练模式进行叠加，可以形成新的"德技并举、理实交融"育人模式，即基于工作过程的"思政铸魂、德技并举、理实交融"育人模式，与之配套的教学法是基于工作过程的德技创融合模拟实践教学法。

本书试图解决职业教育中存在的德技创分离、理论脱离实际、财经商贸类专业实践教学难，以及新文科建设与教学功能定位不明确、特色不明显等问题，并通过理论挖掘和实践探索给出解决办法。在理论研究上，本书有两处创新。一是提出德育教育要理论与实践相结合，良好的品德、过硬的思想需要在实践中锻造。认为在模拟实践中同样可以体现人的善恶美丑，在模拟环境下同样可以映射社会百态。二是提出思政与教育相辅相成、互相促进，在研究课程思政的同时，不能忽视思政对教学的指导和促进作用。

本书的主要学术价值在于，提出了用马列主义毛泽东思想指导职业教育和实践教学的观点，打破了思政研究局限于思政课程和课程思政，以及如何把思政教育融入专业课教学，而忽视了思政对教育的指导和引领作用；开启了如何利用思政促进教学研究的先河，拉开了思政与教学互相促进、相辅相成研究的序幕。

本书最大的优点是理论联系实际。书中既有教学设计又有教学实施，无论是老教师还是新入职的教师，只要认真读了这本书就会掌握基于工作过程的德技创融合模拟实践教学法。换句话说，读了这本书就能学会运用基于工作过程的德技创融合模拟实践教学法。

本书应用范围较广，实用性强，可作为职业院校专业教师的教学参考书，也可作为市场营销专业实践课的教材，还可供其他人士自学之用。

作者

2024年9月22日

# 目　录

# 导　言

## 第一节　概念解析与界定

### 一、工作过程导向

广义的工作过程指的是旨在实现确定目标的生产活动和服务活动的顺序。狭义的工作过程则是指向物质产品生产的顺序。工作过程是"在企业里为完成一件工作任务并获得工作成果而进行的一个完整的工作程序""是一个综合的、时刻处于运动状态但结构相对固定的系统"。所以，工作过程的意义在于，"一个职业之所以能够成为一个职业，是因为它具有特殊的工作过程，即在工作的方式、内容、方法、组织以及工具的历史发展方面有它自身的独到之处"[①]。

工作过程导向的课程教学是通过工作过程的引导，使学生提高学习兴趣、培养创新思维、形成关键能力的教学方法，是一种由知识传授向认识传授的教学变革。该教学方法是世界先进的职业教育方法之一，它的兴起改变了传统的结果导向教学方法的理念。

### 二、德技创融合

本书的德技创融合指的是德技创融合育人模式，即把德育和"三创"教育融入专业技能训练中，培育德技双馨、全面发展人才的育人模式。德技创融合育人模式是解决职业教育德技创分离问题，实现德技并举，培养德技双馨、全面发展人才的有效路径。

### 三、"三创"教育

目前，国内对"三创"教育的界定尚未形成统一的说法，较为流行的说法有以下三种：一是把创新教育、创业教育和创意教育称为"三创"教育；二是把创

---

① 姜大源.职业教育学研究新论［M］.北京：教育科学出版社，2007.

新教育、创业教育和创优教育称为"三创"教育；三是把创造教育、创新教育和创业教育称为"三创"教育。

本书中的"三创"教育指的是创造教育、创新教育和创业教育。

创造（creation）、创新（innovation）和创业（enterprise）是一组既有联系又有区别的概念。

创造是"建立新理论、想出新方法，做出新的东西或新的成绩"，强调的是一个从无到有的发生过程。创新是"改良""革新"，强调在原有知识、技术和技巧的基础上有所前进、有所发现、有所突破，体现的是对现有事物的更新和改造，是一个从有到优的过程。创业是"开创基业""创办事业"，强调的是充分发挥个人的聪明才智，充分利用现有条件，开创新局面，辟出新天地，是一个从优到用的过程。

## 四、模拟实践教学法

模拟实践教学法是一种有效的培养职业院校学生职业技能素质的教学方法，是以教师为导演、学生为演员的模拟实践，师生在积极互动中合作共赢，教与学互促共进、共同成长。

通俗地讲，模拟实践教学法就是在教师的指导下，学生在一定的情境假设中模拟现实的各项工作，通过虚拟和模仿来学习知识、提升能力的教学方法。

## 五、模拟公司教学法

模拟公司教学法起源于20世纪50年代的德国。20世纪80年代后期，"模拟公司"作为一种培训方式在世界范围内得到了快速发展。该教学法是以社会实践和体验为主要目的，让学生成立创业团队、组建仿真模拟公司，由教师指导，学生自己策划组织经营管理。其基本方法是在模拟公司创立后，教师将课程内容分解成多个具体的工作项目，以实际项目为载体，将学习过程融入实际项目工作过程中，学生通过模拟职业岗位角色，根据实际工作操作程序和方式方法具体行事，通过明确项目目标、任务分解、课堂与实践一体化等环节实现学生自主学习。通过该方法，学生在模拟仿真情境中，可经历全部业务操作过程，不仅能了解和弄清各业务环节之间的联系，巩固并扩大专业知识，还能形成自然的、符合现实经济活动要求的行为方式、智力活动方式和职业行为能力，进一步提升职业技能素质。

## 六、德技创融合模拟实践教学法

德技创融合模拟实践教学法是以模拟创业与企业经营为主线开展德育、技能训练和"三创"教育的教学法。该教学法在模拟公司教学法的基础上进行了改革，做了一些适当的创新，把德育、"三创"教育融入专业技能训练中，在模拟实践教学中进行专业技能训练，通过德技创融合实现"德技并举"，通过模拟实践实现"理实交融"。

## 七、四字教学法及口诀

四字教学法是笔者在教学实践中总结的"讲、做、导、评"教学法，简称四字教学法。"讲"就是传统的讲授法，这里的"讲"除了讲授教材课程中的知识之外，还包括讲案例和讲道理；"做"是指做示范，职业院校的教师不能光说不练，要率先垂范，要给学生做榜样；"导"是指引导、指导和辅导，引导学生进入学习情境，指导学生做任务，辅导学生自学；"评"是指对学生的学习过程和学习结果进行点评，保证学生学习的正确方向。

四字教学法的口诀是"讲中做、做中讲，做中导、导中做，导中评、评中导。"

## 八、四字学习法及口诀

四字学习法是笔者在教学实践中总结的"学、做、讲、论"学习法，简称四字学习法。"学"就是学习，泛指自主学习，包括学习的热情与学习的行动；"做"就是实践，泛指在实际中运用所学的知识，包括运用所学知识做事和在做事中学习；"讲"就是把所学所做讲出来与大家分享；"论"就是把自己所学、所做、所讲的东西和大家一起讨论。

四字学习法的口诀是"学中做、做中学，学中讲、讲中学，学中论、论中学"。

## 九、新文科

文科是"人文社会科学"（或称"哲学社会科学"）的简称，是人文科学和社会科学的统称。其中，人文科学主要研究人的观念、精神、情感和价值；社会科学主要研究各种社会现象及其发展规律。按照我国《普通高等学校本科专业目录（2020年版）》，除理学、工学、农学和医学外，哲学、经济学、法学、教育学、文学、历史学、管理学、艺术学等学科门类基本上都可纳入"文科"范畴。

新文科是相对于传统文科而言的，是以全球新科技革命、新经济发展、中国特色社会主义进入新时代为背景，突破传统文科的思维模式，以继承与创新、交叉与融合、协同与共享为主要途径，促进多学科深度融合，推动传统文科的更新升级，从学科导向转向需求导向，从专业分割转向跨界交叉融合，从适应服务转向支撑引领。

新文科建设，是指哲学社会科学与新一轮科技革命和产业变革交叉融合形成交叉学科、交叉融合学科及交叉专业等新文科的一系列建设事项和建设工作，主要建设项目为"新文科研究与改革实践项目"。德技创融合是学科、专业交叉融合，形成交叉学科的形式和方法，可以助力新文科建设。

## 十、微社会

微社会是指微观社会环境，即在个人直接交往范围内，对个人发生直接影响的人际关系和生活条件、生活环境的总和。微观社会环境具有多样性、特定性和相对独立性的特点。良好的微观社会环境能使人顺利地实现社会化，成长为对社会、对国家有用的人才；不良的微观社会环境则使人形成不良的个性和人格，甚至形成不良的世界观和人生观，也是个人犯罪动机的诱因和个人进行犯罪活动的外界条件。

学校、班级、家庭、学生宿舍这些都是微社会，其中家庭和学校这两个微社会对一个人的身心发展有着极其重要的影响。

# 第二节　教学理念

## 一、学的理念

理论性知识的习得靠的是学习者的理解和领悟，技能性知识的习得靠的是学习者的反复练习，技艺的精进靠的是熟练和经验。学生是学的主体，学生是否能够学会理论知识和精通专业技能在很大程度上取决于学生自身，如果学生自己不学，再高明的教师也很难教好他。如果一个人真心想学习某样东西，有的时候没人教，他也会想办法学会。

基于以上学的理念，本书强调培养学生的自主学习、自我管理、自我评价能力。

## 二、教的理念

教知识和传授技能是启发和引导学习者学习的过程，是指导和帮助学习者理解领悟知识、纠正技能练习中的错误以及加速熟练掌握技能的过程。教师在整个教学过程中处于主导地位，是教的主体。教师教学包括引导、帮助学生学习和纠正学生技能训练时出现的偏差。

在教的过程中，教师要把理论讲清楚、讲明白，技术示范要准确到位。

教师在教知识时，要关注学生对理论知识是否理解了，学生领悟到的是不是你要传达给学生的；教师在传授技能时，要给学生足够的时间去重复练习。

基于以上教的理念，本书除了要求教师讲解清楚理论知识，还要求教师做好技术示范。

## 三、教与学的关系

教是知识技能的输出，学是知识技能的接收。教师是输出者，学生是接收者，两者同等重要。输出者输出的信息要有接收者接受才行，如果接收者拒绝接受，那就无法完成信息的输送。就像电流的传输一样，你想传输电流那就要选择可以导电的导体，如果是绝缘体，再强的电流也没有办法传输。相反，如果接收者的接受能力很强，输出者没有足够的知识技能传输给接收者也不行。就像电流很弱或没有电，再好的导体也没用。

教与学在正常情况下是相互依存的关系。教是依托学而存在的，如果没有学就不存在教。学也是依托于教，不过学有时可以不依靠教而存在，有些东西没人教也可以学会。简言之，学可以自学，教不能自教。

基于以上教与学的理念，本书的教学法是秉承教与学并重的原则，既注重学的重要性，也不忽视教的重要性。教的重点是调动学生的学习积极性，激发学生的学习热情，把握学生学习的方向。

## 四、理论与实践

理论源于实践，又用来指导实践，所以理论不可以脱离实践。也就是说，理论从实践中来，还要回到实践中去。教学必须要理论联系实际，技能训练必须要"理实交融"。

基于以上对理论与实践的认知，本书的教学法注重理论联系实际，是"理实交融"的教学法。采用模拟实践教学主要是为了解决有些专业实践教学的难度比较大或是条件不允许的问题，因为条件不允许，所以不得不采用模拟的形式实现"理实交融"。

## 五、德与技的关系

古代很多技艺的传承都是通过师徒相授的方式。学徒入门第一步是行拜师礼，而后是学规矩，学好规矩之后才是技艺的传授。以中华武术为例，古时师傅通常是在传授武术之前先讲武德，在授徒过程中一旦发现徒弟品德不好，往往会将其逐出师门。人们通常认为技艺高超、品德高尚的人可以造福一方，而技艺高超、品德恶劣的人则会为害一方。

研究发现，在某种情况下，个人思想境界的提升会促进技艺的精进，技艺的精进也会提升个人的思想境界。

基于以上对德育与技能关系的理解，本书的教学法强调思想政治教育的重要性，确定了"德技并举"的教育模式，在教学中和布置任务时增加了思想动员环节。

## 六、"三创"教育理念

"三创"教育的本质：在教育教学活动中，营造适宜产生创意的教学情境，探讨实施创造性、创新性教学的有效途径，研究"三创"人才的特点，总结培养"三创"人才的规律。

"三创"教育的任务：通过开展各种创造、创新、创业教学活动，激励学生的"三创"精神，培养学生的"三创"思维和能力，塑造学生的"三创"素质，点拨学生进行"三创"的机会，开发学生的潜在创造力，从而造就大批具有"三创"精神和实践能力的人才，孕育更多的创造性和创新性成果。

"三创"教育的目的：提高学生的综合素质，培养学生的创造、创新和创业思维与能力，提高学生的就业能力、从业能力、团队合作精神和适应现实社会的能力，以及保障学生走向社会后可持续发展。

人类社会的进步离不开创造、创新和创业，如果没有不断地创造、创新，人类社会就难以发展；如果没有创业，社会经济就难以繁荣。因此，具有"三创"

精神和能力的人才是社会进步和发展的重要推动力量。

　　基于以上"三创"教育理念，本书的教学法把"三创"教育提升到了与德育、技能训练同等重要的地位。

### 七、职业教育教与学的四要素

　　笔者在对职业教育四字教学法和四字学习法进行深入研究的基础上，提炼出了职业教育教与学的四要素。笔者认为，"讲、做、导、评"既是职业教育教师的教学过程和方法，也是职业教育教师教好学的四要素；"学、做、讲、论"既是职业院校学生学习的方法和过程，也是职业院校学生学好技能的四要素。好的职业教育教学过程是教学四要素与学习四要素的组合（如下图所示）。

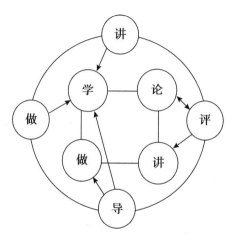

**职业教育教与学四要素组合**

　　图中，讲和做两个字各出现了两次，该组合中实际共有六个字，我们可以把"讲、学、做、导、评、论"这六个字称为职业教育教学的"六字真言"。

## 第三节　教学法的实践应用及本书的写作历程

### 一、模拟实践教学法的实践应用

　　2012年，笔者指导北部湾职业技术学校市场营销专业的学生成立了学生社团营销协会，并指导营销协会成员以协会为单位集体参与社会活动，主要是帮助企业做促销、发传单等。

2013年，笔者指导营销协会开展营销技能大赛等活动，主要是以小组为单位制定并实施销售方案，如在校园摆摊3天销售产品，最后根据小组的销售业绩和销售方案的优劣评选出获胜者。

2014年，笔者指导营销协会成立了模拟公司，公司是虚拟的，业务是真实的。营销学会成员分别以总经理、销售经理、财务经理、采购部经理、业务员等角色开展真实的经营活动，主要是在校园内销售学生常用的日用品和学习用品。

2015年，笔者开始开发市场营销模拟实践校本综合实践课程。

2017年春季学期，笔者在北部湾职业技术学校15级营销1班和15级营销2班的市场营销实训课试行"模拟公司实践教学"，教学效果良好。

2018年春季学期，笔者在北部湾职业技术学校16级营销1班和16级营销2班的市场营销实训课试行"基于工作岗位的模拟实践教学"，教学效果良好。

2018年7月开始，笔者总结市场营销专业模拟教学和实训经验，开始撰写模拟实践教学法专著。

## 二、本书的写作历程

笔者于2018年开始撰写模拟实践教学法专著，并于2019年年底完成初稿，初稿书名为《创新创业教育模拟教学》。2020年2月，笔者完成了初稿的修订和校对工作，因种种原因未能如期出版。之后，笔者对"三创"教育进行了深入了解，认识到"创造教育"的重要性，并发现自己著作中包含了"创造教育"的相关内容，于是对书稿进行了修订，将书名改为《"三创"教育模拟实践教学》。

在对《"三创"教育模拟实践教学》书稿进行修改的过程中，笔者发现本书虽然涉及"三创"教育，但是主要内容还是市场营销专业的模拟实践教学，即在市场营销专业模拟实践教学中融入了"三创"教育。经过反复推敲，笔者在2020年6月把书名变更为《基于"三创"教育理念的市场营销专业模拟实践教学》，其后又经过半年的修改，在2020年年底完成了第二稿的修订与校对工作，再次因种种原因未能如期出版。因为著作的延期出版，笔者有了更多修改和完善书稿的时间，在修改与完善的过程中受到"德技并修、理实交融"等职业教育理念的影响，在书中加入了"德技创融合"的教学内容和"理实交融"的教学模式。经过充分论证和反复推敲后，笔者于2021年3月将书名变更为《市场营销专业德技创融合模拟实践教学》。之后，再次经历了近一年的反复修改和精心打磨，笔者于2021年年底又把书名改为了《德技创融合模拟实践教学》。在修订《德技创融合模拟实践教学》时，笔者发现本教学法是基于工作过程的多元知识融合的教学法，于是在2022年1月底把书名改为《基于工作过程的德技创融合模拟实践教学》。

从模拟实践教学法的应用到《基于工作过程的德技创融合模拟实践教学》的成书历时十余年，其间数易其稿，多次更名。该书是笔者从事职业教育12年的教研成果，也是多年企业实践经历与教学经验融合的结晶。

# 第一部分

基于工作过程的德技创融合模拟实践教学法

# 第一章

# 概述

德技创分离、理论脱离实际是职业院校的课堂教学中普遍存在的问题，而基于工作过程的德技创融合模拟实践教学法是通过德技创融合和模拟现实的工作过程解决职业教育课堂教学中普遍存在的问题的实用教学法。

基于工作过程的德技创融合模拟实践教学法，是以工作过程导向思想为指导在模拟公司实践教学法的基础上做了一些创新，是以模拟创业过程与企业经营过程为主线开展德育、技能训练和"三创"教育的教学法。

## 第一节 缘起与原理

工作过程导向思想，是以格式塔心理学为基础，在终身职业教育思潮中受到德国设计导向职业教育思想、工作本位学习理论和人格本位教学观的影响而发展出的理论。

模拟实践教学的起源是教育游戏，原理是模仿是人类的本能。德技创融合模拟实践教学源于模拟公司教学法，理论依据是德技创的可融合性和生克制化关系。

### 一、工作过程导向思想的缘起

工作过程导向思想产生于20世纪90年代的德国。当时，德国职业教育界展开了一场大辩论，辩论的直接动因是德国曾经卓有成效的"双元制"陷入了前所未有的窘境，辩论聚焦于职业教育该如何跟上时代的发展。职业教育界意识到传统职业教育的种种弊端：学习内容大多是科学性与基础知识，脱离了企业的实际需要，学非所用，传统职业教育与实际工作相脱离，学习者在远离工作岗位的情况下进行学习，不能把在学校获得的知识直接转变成职业行动能力；现代生产技术发展迅速，而技术工人所具备的职业能力却缺乏可迁移性，不能适应企业对生产一线人才提出的"不仅要具有适应工作世界的能力，而且要具有能从对经济、社会和生态负责的角度建构或参与建构工作世界的能力"的新要求。面对职业教育遇到的挑战，德国著名的职业教育专家菲利克斯·劳耐尔（Felix Rauner）及其团队——德国不来梅大学技术与教育研究所的研究者们在一系列研究成果的基础上提出了"工作过程导向思想"。该思想提出后迅速被德国的学术界所认同，并成为德国职业教育改革的理论指南。

1996年，在以工作过程为导向的职业教育思想理论指导下，德国开始推行"学习领域课程方案"。并于同年11月，开始按照新的"编撰指南"制定教学大纲，这是该理论在实践中的具体应用。至1998年3月，德国已完成32个基于学习领域的教学计划。1999年2月5日，德国各州文教部长联席会议通过并颁布了新"编撰指南"的最终文本。此外，工作过程导向思想在德国职业教育改革中发挥着重要作用，德国联邦职教所倡导在以培养职业行动能力为目标的行动导向原则基础上，增加了采用工作过程导向教育范式的规定。

我国教育部也明确提出，职教课程开发"要在一定程度上与工作过程相联系"，让学生获得一种全面、和谐、有效、有用的教育。

## 二、模拟实践教学的原理

1.模仿游戏是模拟实践教学的源头

人们在生活中自觉不自觉地把模仿行为变成一种游戏，在游戏中学习并加深对模仿对象和行为的印象，这是模拟教学的源头。

"过家家"是中国传统民间儿童游戏，孩子不用大人教就无师自通，几乎每一个孩子都玩过"过家家"的游戏。孩子善于并乐于模仿，在他们幼小的心灵里，没有什么比全方位模仿大人生活更过瘾的了。两个孩子或一群孩子模拟家庭生活或社群生活，一本正经，煞有介事，很少有一种游戏比"过家家"更能让孩子感受游戏的严肃性。他们看上去不像在玩游戏，而更像在演绎一幕关于未来生活的真实戏剧。他们是在进行一次演出，自编自演，自娱自乐，他们既是导演和演员，同时又是观众。"过家家"，就个人而言，是个性化两性社会心理的积淀；就社会而言，是民族文化中家文化的传承与延续。

社会学家也告诉我们这种看似平常的游戏对孩子的未来是有影响的。人生中最早的模拟学习就是从"过家家"开始的，所以我们说"过家家"是模拟实践教学的起源。一些懵懵懂懂的孩子在一起"过家家"实际上就是在模拟现实，在学习。"过家家"就是几个伙伴分别扮演同一个家庭的成员，如"爸爸""妈妈""孩子""宠物"等，利用简单的道具（也可不用），模仿成人日常的家庭活动，如做饭、结婚、照顾孩子等。而模拟教学是学生在教师的指导下扮演工作人员，如"经理""业务员""创业者"等，利用简单的工具（也可不用），模仿现实岗位工作活动，如"推销""创业""经营活动"等。模拟教学和"过家家"有很多惊人的相似之处，"过家家"历史悠久，而模拟教学出现较晚，据此推断模拟教学的源头是"过家家"。

很早以前，人们就认识到了模拟现实游戏的教育意义及其对孩子未来的影响，所以不同的民族都有各自特色的游戏，而且大多数游戏都起源于模拟现实。例如我们熟悉的"捉迷藏"，我们的祖先为什么要教会孩子玩"捉迷藏"呢？因为在现实生活中人需要学会躲藏，原始社会的人们要躲避猛兽的侵袭，进入文明社会后有时人们也需要躲避，当一个人身处险境时"捉迷藏"培养的潜能就激发出来了，例如在被坏人追赶时。喜欢看抗战题材影视作品的人对逃跑和躲藏的情景都不陌生，几乎每一部作品中都有逃跑和躲藏的情节。"捉迷藏"实际上是在训练一个人的躲藏能力，所以我们说"捉迷藏"是中国人古老智慧的结晶，是古老的模拟实践教学。

除了"过家家""捉迷藏"等儿童游戏，人们还创造了很多模拟类的成人益智游戏，如军棋、象棋、围棋等。在现实的工作和生活中也有很多模拟的情况，如军事演习、军事训练、消防演练、防地震演练、救灾演练和载人航天飞行模拟训练等。

"天上做的每一个动作，都有地上的模拟训练。"航天员在执行任务时往往需要操作各种仪器设备，但航天器中的各种设备数不胜数，如果航天员，尤其是驾驶员在操作过程中出现一点错误，很有可能就会机毁人亡。为此，在地面上建立各种模拟设备，让航天员尽早熟悉操作程序、适应不同环境就显得尤为重要。

飞行模拟器是针对载人航天任务而设计的执行飞行任务的模拟器，其主要功能是在地面模拟太空中的飞行条件和实际载人航天器的运动状态，为航天员提供运动视觉、听觉和操纵负荷等各种感觉，使航天员感到好像真的在太空驾驶航天器一样。

模拟座舱一般采用内部结构和界面与实际航天器完全一致的模拟舱。俄罗斯和美国所发射的各种载人航天器都有各自的飞行模拟器，其中美国"阿波罗号"登月飞船的飞行模拟器，可以模拟从起飞到登月再到返回地面等全过程。当然也有只模拟载人航天某项飞行技术的模拟器，如模拟飞船的起飞、入轨和姿态控制等飞行技术的模拟器，还有模拟在太空作业的专项模拟装置，如太空对接、太空维修和出舱模拟器等。

模拟航天员在太空生活与工作的微小空间环境，也都是以各种舱室的形式来完成的。这种微小生活空间舱室与航天员在太空生活的空间类似，除不能模拟失重环境外，其他都能逼真模拟。这对于考察和训练人对长期在太空生活的适应性是很重要的。

2.模仿学习是模拟实践教学的原理

模仿是人类的本能，是最原始的学习方法，也是最简单有效的学习方法。模仿也是人类学习和自我发展的主要方式之一，人类通过模仿他人的语言、动作和行为认知世界和体验世界。模拟实践教学就是利用模仿开展教学的。

模拟实践教学法就是利用人类模仿的本能，将学生置身于仿真的实际工作环境中，让学生"在学中做、在做中学"，做到"教、学、做合一，手、口、脑并用"。在模拟操作的过程中，学生所接触到的信息，对问题的分析与判断，以及工作计划的步步实施，都是对实际工作的一种体验，学生提前领略到职业岗位的内涵，了解、熟悉职业岗位所需要的各种理论知识，懂得所学专业知识在实际运用中的重要性，由此大大增强对专业学习的兴趣与信心。通过职业模拟训练，学生既可以把所学专业知识转化为实际运用能力，养成一定的职业技能技巧，还能使学生在模拟操作过程中逐步适应职业岗位的要求，不断调整自己的知识结构，锻炼职业能力，为将来走向社会、走向成功打下良好的基础。更重要的是，模拟现实的过程，也是创新的过程。这种运用不是理论知识的简单重复，要经过头脑加以消化，综合分析、加工处理后才能运用。这就需要学生通过创造性思维对实际问题进行抽象，然后回到实际中去，使认识发生质的飞跃，从而达到思维训练、能力培养与素质提升的目的。

结合学校专业、未来就业的工作岗位对学生进行有针对性的训练是职业教育中的重要内容，但是由于设备、场地、资金等条件的限制，学生到实际工作岗位上实习训练的机会并不多，学生岗位技能训练是多数职业院校实践教学的薄弱环节。在职业院校各个专业中，汽车制造与检修、机械加工技术等加工制造类专业的实训情况好一些，此类专业学校可以通过购买设备、建设实训室等方式为学生提供真实的实训环境。而市场营销、国际商务、会计等财经商贸类专业的实训环境很难在校内创设，所以此类专业的校内实训比较难开展，模拟实践教学是解决财经商贸类专业校内实训难的有效路径。模拟实践教学可以通过为学生创设近似真实的环境开展模拟训练的方式，弥补客观条件不足导致的无法进行有针对性的真实训练的问题。除财经商贸类专业之外，"三创"教育、德育的实践教学也是职业院校教学中的难点，主要原因还是很难创设真实的实训环境。为此，学校同样要通过模拟实践的方式，使学生尽可能多地了解和掌握"创造、创新、创业"知识，培养他们的"创造、创新、创业"能力以及高尚的道德情操。

本书的德技创融合模拟实践教学法就是将模拟教学法应用到了德技创融合教学中，这种教学法起源于模仿游戏，原理就是模仿学习。模拟实践教学的关键是创设接近现实的场景与环境，引导学生进入角色，充分调动学生的学习热情，培养学生的自学能力、创造能力和适应能力。模拟实践教学在情境模拟中，教师可以选取丰富的情境模拟素材，让学生假想如果自己面临这种情境的时候，会怎么处理问题，学生通过讨论选择最佳方案。在这个学习过程中，学生之间可以相互激发灵感，相互交流不同方案的优点与缺点，将实践融入理论课程的学习中，进而实现"理实交融"。

## 三、德技创融合教学原理

德技创融合教学原理的关键，一是可融性，二是存在着生克制化关系。

### （一）可融性

首先，德育可以融合到专业技能培养和"三创"教育中。2019年，笔者提出了供氧式德育理论，供氧式德育理论是对"三全育人"的进一步深化，即德育工作要像氧气一样"无孔不入"。供氧式德育理论的核心是把德育工作当作人体必需的氧气看待，哪里需要、哪里还有空隙我们就把氧气供给到哪里。供氧式德育理论告诉我们德育是可以"无孔不入"的，因此德育可以融合到技能培养中。其次，广义的技能包含创造、创新、创业能力，因此"三创"教育可以融合到技能培养中。德育和"三创"教育都能够融合到技能培养中，所以德技创三者之间存在可融性。

### （二）生克制化关系

1.德育与技能培养的生克制化关系

相关研究表明，思想境界的提升有利于专业技能的提升，同时专业技能的提升也有助于思想境界的提升。反之，思想境界不高，可能会制约技能的提升；技能水平不高，也可能会制约思想境界的提升。

2．"三创"教育与技能培养的生克制化关系

专业技能的提升有利于提高创造、创新和创业能力，同时创造、创新和创业能力的提高有利于技能的提升。反之，技能水平不高，可能会制约个人的创造、创新和创业能力；创造、创新和创业能力的不足，也可能会制约技能的精进。

3．德育与"三创"教育的生克制化关系

思想境界的提升有利于创造、创新和创业精神的培育，同时创造、创新和创业精神的培育有利于思想境界的提升。反之，思想境界不高，可能会制约创造、创新和创业精神的培育；缺乏创造、创新和创业精神，也可能会制约思想境界的提升。

德技创三者的可融性阐释了德技创融合教学的可行性，三者的生克制化关系揭示了德技创融合教学的必然性。

## 四、基于工作过程的德技创融合模拟实践教学法的开发背景与理论基础

### （一）背景

"2018年教育部产学合作协同育人项目对接会"在北京举行，教育部提出了建设"新文科"倡议。2019年4月，教育部等13个部门联合启动"六卓越一拔尖"计划2.0，全面推进"新工科、新医科、新农科、新文科"的"四新"建设，提升高等院校服务经济社会发展能力。2020年11月，教育部高等教育司指导、教育部新文科建设工作组主办的新文科建设工作会议在山东威海召开，会议发布了《新文科建设宣言》，对新文科建设作出全面部署。

基于工作过程的德技创融合模拟实践教学法是一种适应新文科课堂教学的教学法，该教学法为学生提供了学习综合性跨学科专业知识的机会，促进了多学科交叉与深度融合。

### （二）理论基础

1．"教育即生活"理论

约翰·杜威生于1859年，是美国早期机能主义心理学的重要代表，也是著名的实用主义教育家。他从实用主义经验论和技能心理学出发，批判了传统的教育观念，就教育本质提出了自己的基本观点"教育即生活，学校即社会"。

杜威认为，人们在社会中参加真实的生活，才是身心成长和改造经验的正当

途径。所以教师要把教授知识的课堂变成儿童活动的乐园，引导儿童积极自愿地投入活动，从活动中不知不觉地养成品德、获得知识，实现生活、生长和经验的改造。

2."生活即教育"理论

陶行知的生活教育理论源自杜威的理论。陶行知的教育理论主要包含生活即教育、社会即学校、教学做合一三个层次；主张教育同实际生活相联系，反对死读书，注重培养儿童的创造性和独立工作能力。"生活即教育"强调的是生活本身的教育意义，生活所必需的教育就是有价值的教育。

3.微社会课堂教学理论

微社会课堂教学理论是笔者在"生活即教育"理论和"教育即生活"理论的基础上提出的职业教育新课堂教学理论，其核心是"课堂即微社会，微社会即课堂"。

微社会课堂是一种适应新文科实践教学和德育实践教学的课堂模式，即在课堂上营造社会氛围，让学生在接近社会的环境中学习和提高自身的道德修养；把课堂变成社会的缩影，在学习中激发学生的社会属性，使教学接近社会生活。在微社会课堂上，教师应尽最大努力调动学生的社会性，使学生在课堂上能体会到社会的人情世故，培养学生的社会适应能力，纠正学生不正确的思想和价值观。微社会课堂既包括营造社会氛围使学生在接近社会情境下学习理论和践行社会主义核心价值观，也包含创设接近社会真实工作场景的学习环境，让学生在接近真实工作情境下接受专业技能培训。

基于工作过程的德技创融合模拟实践教学法是"生活即教育""教育即生活"理论在课堂教学中的运用，通过模拟的方式把生活搬进教室、把教室变成社会，推进了文科实验教学，拉近了课堂教学与社会生活的距离。

微社会课堂教学是德技创融合教学的主要形式，是德育（包括思想政治教育）、技能培训和"三创"教育有效融合的重要手段和实现路径。

# 第二节　创新与落地

通过良好的德育、技能培养和"三创"教育提高各个专业学生的综合素质，提高他们的社会适应能力和从业能力，保障他们走向社会后可持续发展，是倡导德技创融合育人的真正目的。由此可见，德技创融合模拟实践教学侧重综合能力的培养，本书介绍的德技创融合模拟实践教学法是一种多学科混合式教学法，借鉴模拟公司实践教学法的优点，运用项目式、任务式、模拟式、教育游戏、讲授、课外指导等多种教学方法，教学内容涉及思政、德育、营销、物流、商品、谈判、礼仪等多方面的知识，培养学生的沟通、合作、自主学习、思维、创造、创新、创业等多种能力。

# 一、总体框架

基于工作过程的德技创融合模拟实践教学的总体思路是，学生以模拟创业形式按照真实的工作过程开展企业经营活动，通过模拟现实工作过程学习相关专业的知识。该过程是通过创办模拟公司的方法分组，然后教师按照创业流程和企业经营的各项工作布置任务，学生以小组为单位按照工作过程完成各项任务。

基于工作过程的德技创融合模拟实践教学的考核评价是由学生组成评分委员会，依据系统的考核评价办法对分组、任务完成情况和业绩进行考评，以打分为主，以教师考核为辅。德技创融合模拟实践教学的总体框架如下图所示。

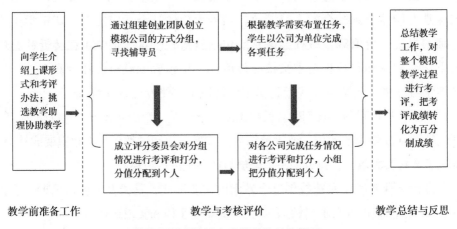

德技创融合模拟实践教学的总体框架

# 二、主要创新点

1.分组方法有新意

基于工作过程的德技创融合模拟实践教学法采用创办模拟公司招聘员工的方式分组。分组过程是教学过程的重要组成部分，其中包含了寻找合伙人、撰写创业计划书、选址与注册公司、招聘与面试等多项实训任务。

### 2.教学过程有创新

基于工作过程的德技创融合模拟实践教学法的教学过程倡导学生之间互相学习、互相帮助，并提出学生参与教学的理论和方法，主张在教学中充分发挥学生的自我教育和自我管理能力。通过在学生中挑选教学助理协助教学的方式，提升学生的自我教育、自我管理能力。

### 3.教学考核评价多措并举

基于工作过程的德技创融合模拟实践教学法在教学考核评价方面多措并举，采用组建学生评分小组的方式实现学生自我考核与教师评价的有机结合，用平时成绩替代考试成绩，并给出学分转换办法，使新的评分办法可以与传统的百分制无缝衔接。

### 4.德技创融合

基于工作过程的德技创融合模拟实践教学法把德育和"三创"教育融入技能培养中，实现了德技创融合育人。在该教学法中，教学内容德技创融合，教学过程德技创融合，教学考核评价德技创融合。德技创融合育人可以有效解决职业教育德技创分离的问题，有利于培养具有"三创"思维、德技双馨的技能型人才。

### 5.理实交融

基于工作过程的德技创融合模拟实践教学法通过"在学习理论中模拟现实，在模拟实践中学习理论"的方式实现理论与实践的交会融合，有效解决了职业教育理论脱离实际和职业院校财经商贸类专业实践教学难的问题。

### 6.课堂教学方式多样

在基于工作过程的德技创融合模拟实践教学法的课堂上，有时需要学生坐下来听讲，有时学生可以自由走动和交谈，有时又需要学生动手实践，总之，课堂是不拘一格的课堂。因为是模拟现实和社会情境的分组教学，人越多越接近社会情境，也越有利于教学，所以这种教学模式既支持多个班级合班上课，同时也可以克服合班教学的弊端。

## 三、育人目标

基于工作过程的德技创融合模拟实践教学法的育人目标是培育具有"三创"思维、德技双馨、动手能力强的技能型人才。

达成育人目标的路径是，通过德技创融合实现"德技并举"的教育目标（只有"德技并举"才能培养出"德技双馨"的人才）；通过模拟实践实现"理实交融"的目标（只有"理实交融"才能培养出动手能力强的人才）；通过德技创融合和模拟现实实现培养具有"三创"思维、德技双馨、动手能力强的技能型人才的育人目标。

## 四、落地路径

基于工作过程的德技创融合模拟实践教学法的落地路径是，四字教学法、四字学习法和微社会课堂教学理论，即在课堂上营造微观社会环境和工作情境，教师用四字教学法教学，学生用四字学习法学习，把基于工作过程的德技创融合模拟实践教学法在课堂教学中加以运用，进而实现理论指导教学的目的。

## 五、教学场地与教学氛围

### （一）教学场地

基于工作过程的德技创融合模拟实践教学最大的优点是对场地和设备没有严格要求，既可以在普通教室里教学，也可以在设备设施齐全的实训室中教学。基于工作过程的德技创融合模拟实践教学就像传统戏曲一样，一桌二椅大舞台，千变万化演春秋。

1.普通教室

如果学校没有专门的基于工作过程的德技创融合模拟实践教学实训室，可以像传统戏曲那样利用普通教室里的书桌和椅子创设各种情境开展模拟实践教学。在普通教室开展基于工作过程的德技创融合模拟实践教学的好处是，学生可以在寻找道具和创设模拟环境的过程中锻炼自身的创造、创新能力。这是"三创"教育实践教学的重要环节，这时的普通教室就变成了学生发挥想象力的舞台。

2.实训室

在实训室开展基于工作过程的德技创融合模拟实践教学效果会更好一些，其实基于工作过程的德技创融合模拟实践教学的实训室建设需要的设备并不多，主要是需要一些空间。

基于工作过程的德技创融合模拟实践教学实训室所需设备主要是一些公司办公所需的桌椅、电脑、纸笔等办公用品。

基于工作过程的德技创融合模拟实践教学实训室实际上就是足够的办公室

和会议室，一般情况下每个模拟公司需要一到两间办公室，第三方机构需要一到两间办公室（如市场监督管理局办公室、银行办公处等）。会议室是在模拟开会、小组研讨、谈判以及评委团打分时使用。

在建设实训室时，设计的实训环境不必很奢华，能够营造一种在公司上班的氛围就可以了；第三方工作室建设的效果能够达到一走进实训室有一种到了某机构的感觉就可以了。以上可以仿造公司或机构的装修风格，建设之前可以去相关企业或部门参观一下，也可以请一些有实力的装修公司帮助设计，可以建设得与真实公司或机构一样，当然可以适当缩小比例，即建设微型的公司和机构办公场所。实训室建设的关键是创设氛围，基于工作过程的德技创融合模拟实践教学的实训室最好可以给学生身临其境的感觉，学生一走进实训室就感觉是到了公司，使其迅速进入角色，感觉自己真的是在工作。

**（二）教学氛围**

无论是在普通教室还是在实训室开展基于工作过程的德技创融合模拟实践教学，创设情境和营造氛围是决定教学效果好坏的关键。大的情境是学生已经毕业了，有的人开始合作创业，有的人应聘到企业工作。小的情境是在创业和企业经营中的各项工作情境，如企业招聘、面试、销售等情境。营造氛围的目的是让学生进入模拟环境，进入各自所扮演的角色，只有进入角色，模拟才会接近真实，学生才会真正学到知识、得到锻炼。

总之，基于工作过程的德技创融合模拟实践教学对教学场地要求不高，但是对教学氛围有一定的要求，就是无论教学场地如何，情境的创设要到位，要有良好的氛围，情境越逼真模拟实践的氛围越好，模拟教学效果也越好。

## 六、教学流程

基于工作过程的德技创融合模拟实践教学的基本流程：课程导修与课前准备→分组→布置任务→考核评价。

# 第二章

# 组织与实施

基于工作过程的德技创融合模拟实践教学的组织与实施是一项复杂的工程，对任课教师要求较高。任课教师最好理论基础扎实且实践经验丰富，如果任课教师理论基础和实践经验不足，那就要一边授课一边学习。在组织与实施基于工作过程的德技创融合模拟实践教学的过程中会遇到各式各样的问题，教师要能够灵活应对，有条件的学校可以组织一个小团队来开展基于工作过程的德技创融合模拟实践教学。为了方便任课教师教学，本章将详细介绍具体的组织方法和实施过程。

## 第一节 课程导修与课前准备

因为学生没有接触过基于工作过程的德技创融合模拟实践教学，所以教师在正式上课之前，要有一个课程导修和课前准备的过程。课程导修要向学生介绍游戏规则，并讲解清楚教学法、学习法和考评办法，告诉学生本学期这门课采用基于工作过程的德技创融合模拟实践教学法。课前准备工作主要包括选教学助理、成立临时评分委员会和确定实践教学辅导老师等。教师选出两名教学助理后，成立临时评分委员会对分组过程和完成分组之前学生的完成任务情况进行打分，之后再成立正式的评分委员会。有条件的学校可以为学生配实践教学辅导老师，最好是每个学习小组配一名实践教学辅导老师。

### 一、课程导修

#### （一）介绍游戏规则

在基于工作过程的德技创融合模拟实践教学的课堂上，每个学生都是社会人。"课堂即社会"，上课时要求每个学生都要找到自己的"社会"角色并进入角色，如创业者（老板）、企业员工、推销员、消费者、银行家、市场监督管理者等。

学生按照教师的要求寻找合伙人创办模拟公司，通过模拟公司公开招聘的方式把全班学生分成若干个小组（每家模拟公司就是1个学习小组）。每家模拟公司初始自有资金50万元，银行贷款额度50万元。公司必须有财务报表，每次实训课2个课时按照现实的1个月计算，公司每季度上报一次财务报表。假设每周上2次课，每次课2个课时，每学期上18周，恰好可以模拟36个月，即3年。教师根据实际课时安排调整计算时长。

如果在普通教室上课，允许学生在课堂上自由交谈、自由走动，同一公司（小组）的学生可以坐在一起交流。如果在专门实训室上课，学习小组（模拟公司）在各自办公室或会议室学习，学生可以在各个"公司"走动。

注：本书的游戏规则并不完善，仅供大家参考。教师在上课时可以根据学生的实际情况自行设定完整的游戏规则。规则可以制定得很细致，也可以是一个粗略的规则，细致和粗略各有各的好处与不足。游戏规则细致便于学生模拟学习，但是可能会限制学生的想象力和创新思维；游戏规则粗略有些学生会不知所措，而好处是学生可以自由发挥。游戏规则不是一成不变的，可在变化中完善，没有最好只有更好。基于工作过程的德技创融合模拟实践教学的游戏规则可以在教学的过程中不断完善，直至找到最合适的规则。

## （二）介绍教学法

基于工作过程的德技创融合模拟实践教学法是在教师指导下，通过学生组建创业团队、创立模拟公司招聘员工的方式分组，以模拟公司为单位模拟现实开展模拟企业经营活动的教学法。在教学过程中，学生要运用已经学过的和尚未学过的知识，按照真实的工作过程完成各项任务，不懂的地方多数要靠自己学习。在学习过程中培养学生的自学能力、团队合作精神、创新思维等。在模拟过程中检验学生对知识的理解掌握程度和运用能力，同时在模拟过程中教师和学生都可以放开思路、大胆想象，教师可以尝试用各种方法进行教学，学生也可以尝试用各种方式学习。

基于工作过程的德技创融合模拟实践教学采用多主体互动式教学法教学，多主体是指，教师是教的主体、学生是学的主体、企业技术人员是实训的主体；互动是指，教学相长，倡导师生之间、学生之间互相学习、互相帮助，学生也是教师，教师也是学生。

教师采用"讲、做、导、评"四字教学法，教学口诀是"讲中做、做中讲，做中导、导中做，导中评、评中导"。

### （三）介绍学习法

笔者倡导，在生活中学习，在学习中生活，认为这是一种较好的学习与生活状态。

学生运用"学、做、讲、论"四字学习法，学习口诀是"学中做、做中学、学中讲、讲中学，学中论、论中学。"学生以"学、做、讲、论"相互融合、促进的学习方式学习，先在教师讲授的基础上自学，学好了就做，即模拟现实完成任务，通过做理解内化知识和技能，并且要边做边学；做了之后要讲，学生上台讲自己完成的作业或表达自己的主张，通过讲加深对知识的理解、加速对技能的掌握，讲的过程也是在学习；学生讲了之后再一起讨论，大家在讨论中学习，通过讨论提高对知识技能的运用能力。

### （四）介绍考评方法

基于工作过程的德技创融合模拟实践教学的学业考评由教师点评、小组互评、学生自由点评和评分委员会评分组成，以评分委员会评分为主，教师点评为辅。每项任务和每个教学环节结束后都有小组互评和学生自由点评的环节，小组互评之后是教师点评（总评）。最后由评分委员会对各个小组完成任务情况打分，每个小组的得分再由组长以"工资"的形式分配给小组成员。点评的目的是互相学习，提高作业水平。

基于工作过程的德技创融合模拟实践教学的教学效果考评主要从三个方面进行：一是学生成绩；二是学生对教学法的考核；三是外部考核。教学效果考评是为了教学法的持续改进和教师教学能力的持续提高，有了好的教学法还要有优秀的教师才能产生完美的教育。

## 二、课前准备

### （一）选教学助理

教学助理的选择至关重要，他们在整个教学过程中扮演着非常重要的角色。通常是在自愿的基础上采用选拔和推荐结合的方式，即教师选拔、学生推荐和学生自愿相结合的方式确定教学助理。

在基于工作过程的德技创融合模拟实践教学中需要2~3名教学助理，他们除了要协助教师做上课记录、统计数据、协助管理，还要随时扮演模拟公司以外的第三方机构人员，例如，在学生创办公司时扮演市场监督管理局局长和办事员，在模拟公司贷款时扮演银行经理等。

### （二）成立临时评分委员会

临时评分委员会是指在成立正式的评分委员会之前负责打分的临时性组织，由教学助理和学生自主推选的评委组成，临时评分委员会成员以5~7人为宜。

### （三）确定实践教学辅导老师

实践教学辅导老师的选择很重要，好的实践教学辅导老师可以在教学中发挥极大的作用。

在条件允许的情况下，可以为每个学习小组配一名实践教学辅导老师。实践教学辅导老师最好聘请经验丰富的企业人员（包含本校毕业后创业成功或在企业工作成绩突出的优秀毕业生）兼任，兼职辅导老师可以通过定期当面指导和不定期线上指导相结合的方式辅导学生。在找不到合适的企业兼职实践教学辅导老师的情况下，也可以由校内本专业有一定企业实践经验且知识丰富的任课教师担任。

# 第二节　分组

教师向学生讲解了模拟实践教学法、如何上课和怎么学习，并选出了教学助理和临时评分委员会，做好了一切课前准备工作之后，就可以进行分组。分组前，教师需要做学生的思想工作，动员和鼓励学生积极、自由地寻找合作伙伴、创办模拟公司、撰写创业计划书。动员的过程可以渗透思政教育元素，动员的本身就是做思想工作，在一定程度上体现了教师的思政教育水平。

分组阶段学生的知识准备是学习如何寻找合伙人和了解申请注册公司的流程等，主要是学习创办公司的前期准备工作。

分组的第一步是创办公司，学生寻找合伙人，自由组合形成创业团队创办模拟公司。创办模拟公司最好是由2~3人发起，也可以一人创办独资公司或个体工商户。分组的第二步是招聘和面试，那些没有自主创业的学生通过应聘的方式加入模拟公司，成为小组成员参与公司任务。

一个班级按照50名学生计算，可以分成8~10个小组（即创办8~10家模拟公司），每个小组的具体人数控制在5~6人为宜。构建创业团队的过程实际是寻找创业机会和锻炼学生思维判断力的过程，不是简单的分组，学生至少要有一节课的时间思考是否创办公司，创办什么样的公司。

创办公司的知识可以通过教师讲授和学生自学相结合的方式获得。首先，教师要讲解什么是无限责任公司，什么是有限责任公司，什么是个体工商户，创办公司的流程等。然后，学生通过各种渠道了解创办公司的前期准备工作、创办公司的流程和需要准备的材料等（详见第三部分教学参考资料）。

构建创业团队（分组）作为一个工作项目在教师的帮助下由学生完成，这个项目由寻找合伙人、撰写创业计划书、选址与创办公司、招聘与面试等典型工作任务组成。

## 典型工作任务一　寻找合伙人

俗话说"买卖好做，伙计难搭"，意思是和别人合伙做生意，处理人际关系比单纯做业务难得多。不过现代社会倡导合伙经营或股份制经营。

寻找合伙人组建创业团队是创办公司的第一步。寻找合适的合伙人不是一件很容易的事情。首先，不是每个人都愿意与你合作，你要有一定的实力或说服力；其次，不是什么人都可以合作，因为合伙做生意被合伙人骗取钱财的事情比比皆是。

经过教师的一番思政教育和动员，有意愿组建团队创办公司的学生，开始在班级内寻找合伙人，说服其他学生和自己一起创办公司。有意愿组队的人越多，说明教师的思政教育和动员工作做得越好。

寻找合伙人时，学生在自由组合的原则下，可以三人一组，也可以两人一组。未能自由组合的学生由教师随机组合成三人小组，如果最后剩下两个人则这两个人一组，如果最后剩下一个人则优先分到两人小组，原则上不主张一个人单独一组。

假设一个班级有50名学生，有2人做教学助理，剩下的48人每6人一组刚好可以组成8个小组。在上课时教师可以根据具体情况，如班级学生数量和教师的授课风格等，确定如何分组。这里建议鼓励学生自己寻找合伙人，自由组合。

在寻找合伙人的过程中可以锻炼学生的表达能力、沟通能力、合作能力、识人能力，这些能力在学生未来的工作和生活中会发挥重要的作用，是他们走向成功的基石。

寻找合伙人的过程不必占用太多的课堂时间，建议用一个课时，在课上没有完成的学生可以在课后继续寻找合伙人，到下一次上课前能够完成即可。

# 一、任务说明

寻找合伙人是第一次分组，学生通过合伙创业方式组成小组，每个小组2~3人。寻找合伙人这一任务是实践教学的一个重要环节。在这一任务中，教师的工作是动员学生模拟创业，想办法让学生进入任务情境；学生要开动脑筋积极思考，以创业者的心态去完成任务。

## （一）任务情境

学生已经毕业了，大家都想自主创业成为企业家。一个人创业比较艰难，因此要寻找合伙人。有的学生找到了合伙人成为创业发起人，有的学生没有找到合伙人便与其他创业发起人合作成为创业合伙人。

## （二）任务目标

1.德育目标

①培养学生的团队意识和团队精神。

②培育学生诚实守信的美德。

实现路径：通过寻找合伙人的过程，培养学生诚实守信的品德，让学生认识到诚实守信的人才会受社会的欢迎，品德高尚、能力强的人可以多为社会贡献一些力量。

2.知识技能目标

①培养学生的合伙人思维和寻找商机的能力。

②培养学生的沟通能力和语言表达能力。

实现路径：

①通过模拟创业来培养学生的合伙人思维和寻找商机的能力。

②通过说服别人与自己合作培养语言表达能力和沟通能力。

3."三创"教育目标

培养学生的创业意识和创造、创新能力。

实现路径：

①通过要求学生寻找合伙人创办公司培养学生的创业意识和思维。

②通过要求学生选择合适的项目创办公司、说服别人与自己合作创业，培养学生的创造能力和创新能力。

4.过程与方法目标

①激发学生的社会属性，提高学生的动手能力和理论联系实际的能力。

②激发学生的学习兴趣和热情，提高学生的学习能力，培养学生的组织能

力、协作能力和团队精神。

实现路径：

①通过半游戏化的模拟实践活动激发学生的学习兴趣和热情。

②通过创设社会工作情境和氛围激发学生的社会属性。

③通过自主学习和运用理论知识，提高学生的学习能力和理论联系实际的能力。

④通过学生寻找和说服别人与自己合作，培养学生的组织能力、协作能力和团队精神。

### （三）任务内容

任务内容具体如下：

①寻找项目，筹划创业。

②以自己找到的项目说服他人与自己合作。

③创业合伙人签署合作意向书。

### （四）任务要求与任务要点

1.任务要求

人人参与，做创业发起人或做与人合作创业的合伙人。

2.任务要点

①找到可以创业的项目。找合适的项目需要进行调研，虽然是模拟创业也不能马虎，要在进行认真的调研之后才能选择合适的项目。

②说服别人与自己合作创业。寻找合适的人并说服别人合作是创业成功的关键，模拟过程可以选择的对象太少，因只能在同班学生中选择，所以选人不做要求，关键是说服别人与自己合作，完成第一次分组。

③合作意向书的编写。寻找合伙人的知识书本上很少，需要收集大量资料。重点要学习如何撰写优质的合作意向书，合作意向书是创业者今后合作是否顺利的重要前提。

### （五）考核指标

1.德育指标

①在完成任务时是否为他人着想，是否有服务意识。

②寻找项目时是否考虑社会效益。

③项目是否遵循提供方便和为众生服务的商业规律。

④签署合作意向书时是否考虑他人的利益。

2.知识技能指标

寻找项目的能力，与人沟通交流的能力。

3."三创"教育指标

创业意识，创造、创新能力。

4.过程与方法指标

①是否把理论知识合理运用到实际工作当中。

②工作过程是否规范。

③工作方法是否得当。

5.量化指标

①找到几个人和你合作，谈了几个人，几个人同意，几个人拒绝。

②有几个人来找你合作。

③是否成功组建或加入创业团队。

**（六）任务评分标准**

此项任务评分重点关注以下两点：

①找到合伙人的创业者加15分，合伙人加12分。

②为了鼓励学生积极寻找合作伙伴，第一个找到合伙人的创业者和合伙人可以适当多加几分。例如，第一个找到合伙人的创业者加18分，其合伙人加15分。

**（七）相关表格**

### 创业团队情况表

| 序号 | 创业发起人 | 合伙人 | 项目名称 |
|---|---|---|---|
|  |  |  |  |
|  |  |  |  |
|  |  |  |  |
|  |  |  |  |

## 二、教师的教学过程

教师按照"讲、做、导、评"四字教学法进行教学，即先讲理论知识和工作技巧，之后做示范，然后辅导学生学习和完成任务，最后对学生学习和完成任务情况做点评。

**（一）讲**

1.讲相关的基础知识和成功案例

教师除了要讲解寻找合伙人的基础知识，还要至少讲一个合伙创业的成功案例，也可以给学生播放电影《中国合伙人》等合伙创业的视频片段。

2.描述任务

任务描述要清晰明了、引人入胜，教师要讲清楚学生该做什么，怎么做，最后的成果是什么。

**任务描述表**

| 任务名称 | 做什么 | 怎么做 | 成果 |
|---|---|---|---|
| 寻找合伙人 | 确定创业项目，找到创业合伙人 | 做市场调研，寻找合适的项目。说服他人与自己合作 | 明确创业项目，签订合作意向书 |
| 任务说明：可以先找项目再说服别人合作，也可以先找创业合伙人再与合伙人一起寻找项目 | | | |

## （二）做

1.营造氛围

模拟实践教学要具有一定的学习氛围才会收到好的学习效果，所以教师在每次布置任务之前要做好思想动员和心理暗示，营造良好的学习氛围，让学生进入任务状态，感觉就是在做一项真实的工作。

2.情境创设

在模拟实践教学中，教师要为学生创设尽量接近现实的情境。情境的创设包括三方面的内容：一是事件假设；二是角色设定；三是场景创设。

**情境创设表**

| 事件假设 | 角色设定 | 场景创设 |
|---|---|---|
| 假设学生已经毕业了，大家走上了社会。所有学生都想创业，都在寻找好的项目，有的学生找到了好的项目，作为创业发起人寻找合伙人共同创业；有的学生接受创业发起人的邀请共同创业；有的学生是几个人一起共同寻找到合适项目后，在创业发起人的带领下共同创业。最终，达成合作意向的学生要签订合作意向书 | 学生都已经是社会成员了，有的学生是创业发起人，有的学生是创业合伙人 | 班级是社会的缩影，大家不是在班级，而是在社会里 |

3.做示范

教师可以先示范如何寻找合伙人，一边做示范一边讲相关知识。

## （三）导

教师与实践教学辅导老师指导和辅助学生完成寻找合伙人这一任务。

## （四）评

教师要对学生完成任务的过程和成果进行总结与点评，指出学生做得好的地

方，对不足之处提出改进意见。

本次任务教师点评的要点如下：

①能力强、品德高尚的人值得信赖，更容易找到合作伙伴。

②找人合作时要真诚，要有理有据。

③签订合作意向书时要懂得让利于人，事先做好约定，如成本分担、利润分配等问题，避免日后出现分歧时没有解决的依据。

## 三、学生的学习过程

学生按照"学、做、讲、论"四字学习法进行学习，学生接受任务之后，要迅速进入角色，积极投入任务中，完成任务时按照完整行动思维模式的资讯、计划、决策、实施、检查、评价六步骤进行，其中资讯（收集相关资讯）是在学的过程中完成的，就是自学和听讲时完成资讯的收集，计划、决策、实施是在做的过程中完成的，检查和评价是在学生讲、论和教师点评的过程中完成的。

### （一）学

学生要收集相关资讯，学习创业初期项目选择和寻找合伙人、签订合作意向书等相关知识。学生要学会利用各种工具和方法自学，开动脑筋创新学习方法。

### （二）做

学生需要做的事情是开展市场调研、选择好的项目，寻找合作伙伴、说服他人与自己合作，签订合作意向书。

寻找合伙人的具体步骤如下：

①计划。制订市场调研、寻找项目、寻找合伙人的实施计划。

②决策。选择最优计划。

③实施。执行计划。

### （三）讲

在检查实施步骤和评价实施效果的基础上，每个小组派代表把自己小组的想法讲给全班学生听并讲清楚为什么选这个项目；把签订的合作意向书读给大家听并讲清楚为什么这么签，以及说清楚其中主要条款的用意。

### （四）论

在各小组宣讲自己的项目和宣读合作意向书时，其他学生可以提出异议，宣讲的小组要回答其他学生提出的问题，全班学生共同讨论各个小组所选项目的优点与缺点，讨论项目意向书的合理性与可行性。大家共同对每个小组的实施计划、实施步骤和实施效果进行评价，总结经验，相互借鉴，共同进步。

# 典型工作任务二　撰写创业计划书

创业计划书是一份结合市场营销、财务、生产、人力资源等职能计划的全方位商业计划，是创业者计划创立业务的书面摘要。一份优秀的创业计划书往往会使创业达到事半功倍的效果。创业计划书的主要用途是递交给投资商，以便于他们对企业或项目做出评判，从而使企业获得融资。它是用以描述与拟创办企业相关的内外部环境条件和要素特点，为业务的发展提供指示图和衡量业务进展情况的标准。

创业计划书是创业者叩响投资者大门的"敲门砖"，计划创办模拟公司的学生要组织自己的合伙人撰写创业计划书，创业计划书的优劣是决定能否成功创业的关键一步。撰写创业计划书的时间可以长一些，这个环节至少需要4个课时，并要求学生在课后进行调研。如果每次课是2个课时，可以用2次课来完成创业计划书的撰写。一般第一次课是布置任务，学生思考、讨论、写调研计划，课后去调研；第二次课是正式撰写创业计划书，学生写好了还要论证和反复推敲。

各小组完成创业计划书论证之后，派代表上讲台进行宣讲和答辩。由全班学生提问和论证；由教师做点评和总评。最终由临时评分委员会对每份创业计划书打分，依据分数和计划的可行性筛选8~10组允许创办公司。

学生的创业计划书不要求写得非常完美，大体能说明问题、讲清楚想做什么生意、怎么做即可。当然如果学生基础好，能写出高质量的创业计划书更理想。

宣讲和答辩环节能够很好地锻炼学生的演讲能力和应变能力，在论证过程中，台上台下的学生会产生激烈的辩论，辩论的过程也是大家相互学习和提高的过程。俗话说"理不辩不明"，相互辩论、小组讨论、学生之间相互评论的过程实际也是集体学习的过程。

## 一、任务说明

撰写创业计划书这项任务由各个创业团队的合伙人集体完成。这项任务是真实的工作，创业的内容也是要经过调研并经得起推敲的。创业计划书的优劣是最终确定能否创办公司的依据，而创业计划书通过论证的小组才有资格创办公司。

## （一）任务情境

学生找到了合适的项目，也找到了合伙人，现在要进入创业实施阶段。合伙人需要撰写一份优秀的创业计划书，用计划书说服投资人投资。创业计划书是获得资金、创业成功的关键，创业团队要认真对待创业计划书的撰写工作。

## （二）任务目标

1.德育目标

①培养学生认真做事的工匠精神和责任心。

②培养学生胜不骄败不馁的美德。

实现路径：如果不认真撰写创业计划书，创业就得不到支持，而得不到支持、没有资金，创业团队就会解散。通过论证的创业团队不能骄傲，未通过论证的创业团队也不要气馁。

2.知识技能目标

①培养学生的计划能力和写作能力，让学生掌握撰写创业计划书的技能。

②培养学生的书面表达能力和语言表达能力。

实现路径：通过撰写创业计划书培养学生的计划能力和写作能力。

3."三创"教育目标

培养学生的创业思维、创新能力、创造能力。

实现路径：通过撰写创业计划书培养学生的"三创"思维和能力。

4.过程与方法目标

①激发学生的社会属性，提高学生的动手能力和理论联系实际的能力。

②激发学生的学习兴趣和热情，提高学生的学习能力，培养学生的组织能力、协作能力和团队精神。

实现路径：

①通过半游戏化的模拟实践活动激发学生的学习兴趣和热情。

②通过创设社会工作情境和氛围激发学生的社会属性。

③通过自主学习和运用理论知识撰写创业计划书，巩固所学知识，提高学生的学习能力和理论联系实际的能力。

④通过学生独立组织合作完成任务，培养学生的组织能力、协作能力和团队精神。

## （三）任务内容

任务内容具体如下：

①开展市场调研，撰写创业计划书。

②对创业计划书进行组内论证，完善创业计划书。

③宣讲自己的创业计划书并答辩，争取获得支持并通过论证。

### （四）任务要求与要点

1.任务要求

创业团队集体完成创业计划书的撰写，每位小组成员都要参与调研和撰写工作。

2.任务要点

①对创业计划书的论证要充分，要调动全班学生的积极性，开展深入的大讨论。

②宣讲的学生要认真宣讲，其他学生要认真听并提出建议和意见。

③要求所有学生参与论证，每个学生都要发表自己的看法。

### （五）考核指标

1.德育指标

创业计划书是否考虑了社会效益和公共利益。

2.知识技能指标

①创业计划书的可行性、新颖性，行文规范性。

②宣讲的说服力，面对学生提问的应变能力。

3."三创"教育指标

①创业计划书是否有创新。

②创业计划书是否体现了创业思维和创造能力。

4.过程与方法指标

①是否发挥了团队的作用，是否有明确的分工合作。

②是否把理论知识合理运用到实际工作当中。

③工作过程是否规范，方法是否得当。

5.量化指标

学生对创业计划的支持率。

### （六）任务评分标准

#### 创业计划书评分标准

| 评分项 | 优秀（9~10分） | 良好（7~8分） | 合格（6分） | 不合格（0~5分） |
|---|---|---|---|---|
| 项目概述 | 简明、扼要，能有效概括整个计划；个性鲜明，具有吸引力；思路清晰，目标明确；能够突出自身的优势 | 能有效概括整个计划；有一定的吸引力；思路清晰，目标明确；能够说清楚项目的优势 | 能基本概括整个计划；目标明确；可以看到项目优势 | 能基本概括整个计划；思路和目标模糊；自身的优势不明显 |

| 评分项 | 优秀（9~10分） | 良好（7~8分） | 合格（6分） | 不合格（0~5分） |
|---|---|---|---|---|
| 创意 | 创意新颖，有实质性创新 | 创意新颖，有明显的创新 | 有创意，细节上有一定的创新 | 创意缺乏新意，没有明显的创新 |
| 经营模式 | 经营模式新颖，有明显的创新，目标规划合理，操作周期和计划实施恰当；阶段性目标合理，重点明确，对经营难度和资源要素分析准确 | 经营模式较好，有一定的创新，目标规划合理；重点明确，对经营难度和资源要素分析准确 | 经营模式可行，目标规划合理，操作周期和计划实施恰当；对经营难度和资源要素分析基本准确 | 经营模式不可行，目标规划不合理，操作周期和计划实施不恰当；对经营难度和资源要素分析不准确 |
| 盈利模式 | 盈利模式新颖，符合商业规律且可行，能列出关键指标和盈利点，盈利性强且可靠 | 盈利模式符合商业规律且可行，能列出关键指标和盈利点，盈利性好且可靠 | 盈利模式可行，能列出关键指标和盈利点，盈利性一般但可靠 | 盈利模式不可行，不能列出关键指标和盈利点，盈利性不强且不可靠 |
| 融资方案 | 需求合理，估计全面；融资方案可行且吸引力强 | 需求合理，估计全面；融资方案可行且有一定吸引力 | 需求合理，融资方案的某些细节有一定吸引力 | 需求不合理，估计不全面；融资方案不可行且没有吸引力 |
| 创业团队 | 团队成员具有相应的教育经历和工作背景；成员之间能力互补且分工合理；组织结构严谨；产权、股权划分适当且合理 | 团队成员具有相应的教育经历和工作背景；成员有创业能力；组织结构合理；产权、股权划分合理 | 团队成员具有相应的教育经历和工作背景；成员有基本的创业能力；组织结构基本合理；产权、股权划分基本合理 | 团队成员缺乏相应的教育经历和工作背景；成员能力一般；组织结构不严谨；没有进行产权、股权划分 |
| 市场与竞争分析 | 市场调研数据完整，市场分析科学、客观，能准确把握市场发展趋势；竞争对手情况分析到位；自身的优势、劣势、机会与挑战分析透彻 | 市场调研数据较完整，市场分析较科学、较客观，能把握市场发展趋势；竞争对手情况分析较到位；自身的优势、劣势、机会与挑战分析较透彻 | 市场调研数据基本完整，市场分析基本科学、客观，能基本把握市场发展趋势；竞争对手情况分析基本到位；基本了解自身的优势、劣势、机会与挑战 | 市场调研数据不完整，不能准确把握市场发展趋势；不了解竞争对手情况；没有分析自身的优势、劣势和面临的机会和挑战 |
| 营销策略 | 营销策略具有创新性，对顾客有极大的吸引力；产品或服务定价非常合理，渠道顺畅，有实质性创新 | 营销策略较好，对顾客有一定的吸引力；产品或服务定价较合理，渠道较顺畅，有一定的创新 | 营销策略一般，对顾客有一些吸引力；产品或服务定价基本合理，渠道基本顺畅 | 营销策略较差，对顾客无吸引力；产品或服务定价不合理，渠道不顺畅 |
| 可操作性 | 产品或服务的各项分析可靠性高；成本核算、利润分配合理；运营机制符合规律，可行性高 | 产品或服务的各项分析可靠性较高；成本核算、利润分配较合理；运营机制符合规律，可行性较高 | 产品或服务的各项分析可靠性一般；成本核算、利润分配基本合理；运营机制符合规律，基本可行 | 产品或服务的各项分析不到位；成本核算、利润分配不合理；运营机制不符合规律 |

| 评分项 | 优秀（9~10分） | 良好（7~8分） | 合格（6分） | 不合格（0~5分） |
|---|---|---|---|---|
| 行文规范性 | 计划书行文规范，前后逻辑紧密，语言流畅，内容全面、系统、科学性强；具有很大的商业价值 | 计划书行文规范，前后逻辑较好，语言较流畅，内容较全面、系统；具有较大的商业价值 | 计划书行文相对规范，内容较全面；具有一定的商业价值 | 计划书行文不规范，前后逻辑不清，语言不流畅，内容不全面、科学性弱；没有商业价值 |

## （七）相关表格

### 评分表

| 项目概述 | 创意 | 经营模式 | 盈利模式 | 融资方案 | 创业团队 | 市场与竞争分析 | 营销策略 | 可操作性 | 行文规范性 | 得分 |
|---|---|---|---|---|---|---|---|---|---|---|
| | | | | | | | | | | |
| | | | | | | | | | | |
| | | | | | | | | | | |
| | | | | | | | | | | |
| | | | | | | | | | | |
| | | | | | | | | | | |
| 总分 | | | | | | | | | | |

## 二、教师的教学过程

教师按照"讲、做、导、评"四字教学法进行教学，即先讲理论知识和工作技巧，之后做示范，然后辅导学生学习和完成任务，最后对学生学习和完成任务情况做点评。

### （一）讲

1.讲相关的基础知识和成功案例

教师讲解创业计划书的撰写要点、基本格式等基础知识，还要讲一个因为创业计划书写得好而成功创业的案例。

2.描述任务

任务描述要求教师讲清楚学生该做什么，怎么做，最后的成果是什么。

**任务描述表**

| 任务名称 | 做什么 | 怎么做 | 成果 |
|---|---|---|---|
| 撰写创业计划书 | 1.学习相关知识。<br>2.撰写创业计划书 | 1.收集资料，小组研讨。<br>2.集体撰写创业计划书 | 创业计划书 |
| 任务说明：创业计划书不是简单的工作计划，是做给投资公司看的，关系到创业项目能否得到投资公司的青睐以及能否获得融资 | | | |

### （二）做

#### 1.营造氛围

模拟实践教学要具有一定的学习氛围才会收到好的学习效果，所以教师在每次布置任务之前要做好思想动员和心理暗示，营造良好的学习氛围，让学生进入任务状态，感觉就是在做一项真实的工作。

#### 2.情境创设

在模拟实践教学中，教师要为学生创设尽量接近现实的情境。情境的创设包括三方面的内容：一是事件假设；二是角色设定；三是场景创设。

**情境创设表**

| 事件假设 | 角色设定 | 场景创设 |
|---|---|---|
| 假设学生找到了合伙人，开始筹划创业，现在需要撰写一份创业计划书 | 学生都已经是社会成员了，现在是创业合伙人 | 班级是社会的缩影，大家不是在班级，而是在社会里 |

#### 3.做示范

教师要自己撰写一份创业计划书，为学生提供参考，并且要把自己撰写创业计划书的思路介绍给学生。

### （三）导

在学生撰写创业计划书的过程中，教师要指导和辅导学生如何撰写，并且要与学生共同探讨创业计划书的内容。

### （四）评

教师最后要对学生完成任务的过程和成果进行总结与点评，指出学生做得好的地方和存在的不足，并对不足之处提出改进意见。

本次任务教师点评的要点如下：

①行文要规范。行文规范是基础，如果行文不规范直接影响看计划书的人的心情。

②论据要充分，计划要可行，不能脱离实际。

### 三、学生的学习过程

学生接受任务之后，要迅速进入角色，积极投入任务中。学生运用"学、做、讲、论"四字学习法完成任务。

**（一）学**

收集相关资讯，学习创业计划书撰写的相关知识。学生要学会利用各种学习工具和方法自学，鼓励开动脑筋创新学习方法。

**（二）做**

学生需要充分讨论，撰写好创业计划书。

撰写创业计划书的具体步骤如下：

①计划。制订撰写创业计划书的实施计划。

②决策。选择最优计划。

③实施。执行计划。

**（三）讲**

在检查实施步骤和评价实施效果的基础上，每个小组派代表把自己小组撰写创业计划书的思路和过程讲给全班学生听，并当众宣读自己的创业计划书。

**（四）论**

在各小组宣讲自己的项目和宣读创业计划书时，其他学生可以提出异议，宣讲小组要回答其他学生提出的问题，全班学生共同讨论各个小组所撰写的创业计划书的合理性与可行性。大家共同对每个小组的实施计划、实施步骤和实施效果进行评价，总结经验，相互借鉴，共同进步。

注：

①依据评分表对创业计划书进行打分，分值分配到每位组员。

②依据得分情况对各个小组排名，选出最佳创业计划书和最佳宣讲人。

③筛选优秀创业方案和计划，确定模拟公司的雏形。

④依据各小组创业计划书的得分结合班级实际，确定最终可以创办模拟公司的小组数量，通常确定8~10家为宜。例如，50人的班级保留8家较合理，每家公司平均6人，全班48人（2名教学助理除外）可参与创办公司。

⑤最终可以创办公司的小组确定后，有条件的学校开始为每个小组配实践教学辅导老师。可以每个小组配1名实践教学辅导老师，也可以1名实践教学辅导老师辅导2个小组，具体搭配根据实际情况决定。

⑥创业计划书没有通过论证的创业团队不能申请成立公司，视为团队创业未成功，团队解散。

# 典型工作任务三　选址与注册公司

创业计划书通过论证后，合伙人进入选址与注册公司环节。在这个环节中，教学助理扮演市场监督管理局的局长和办事员，负责公司的审核与注册工作，要学习大量关于公司注册的知识；学生要自学公司选址和注册方面的知识；教师的主要工作是让教学助理完全弄懂公司注册的流程和所需提供的材料。学生成立的模拟公司都要在市场监督管理局注册，公司的法人代表通常由这个小组的组长担任。

具体做法：创办公司的学生与合伙人一起为公司选定合适的经营场所并去模拟市场监督管理局注册，如果不懂怎么注册可以向市场监督管理局咨询。由教学助理扮演的市场监督管理局工作人员负责审核模拟公司合伙人提供的各种材料。市场监督管理局同意注册后，对企业情况进行登记并发放营业执照。

在公司选址与注册过程中，需要对各个小组和教学助理打分，合伙人如对市场监督管理局工作人员有意见可以向教师投诉市场监督管理局。市场监督管理局应对投诉做出解释，如不能合理解释的要扣分。教师在受理投诉时要慎重，应当允许扮演市场监督管理局工作人员的学生适当"刁难"一下前来注册的学生，同时也可以锻炼去注册的学生的抗挫折能力。

公司选址可以锻炼学生的判断能力，去市场监督管理局注册可以锻炼学生的交际能力。

有些公司可能会要去几次市场监督管理局才能注册成功，创办公司的学生可以体验去政府部门办事的过程，教学助理则可以体验政府工作人员的工作境况。

## 一、任务说明

对于创业者来说公司选址是一件比较重要的事情，不同类型和不同性质的公司选址应有所区别。

学生通过注册公司招聘员工的方式完成第二次分组，每个小组以5~6人为宜。注册公司这一任务既是完成分组的一个重要环节也是一个典型工作任务。

### （一）任务情境

学生毕业后，有少数人找到了合伙人共同创业，撰写的创业计划书得到了投资人的认可。得到认可的创业者和合伙人在找到适合的公司经营场所后，到市场监督管理局登记注册公司。

**（二）任务目标**

1.德育目标

培养学生与人为善的品德。

实现路径：通过交往，如合伙人到市场监督管理局注册时的态度以及市场监督管理局工作人员对待来办事人员的态度等，培养学生与人为善的品德。

2.知识技能目标

①使学生掌握公司选址技巧，培养创业技能。

②提高学生的办事能力和沟通技巧，锻炼人际交往能力。

实现路径：

①通过公司选址和注册，培养学生的创业能力。

②通过学生到市场监督管理局注册公司，培养学生的办事能力和沟通能力，锻炼人际交往能力。

3."三创"教育目标

培养学生的创业意识和能力。

实现路径：通过公司选址和注册使学生了解公司注册的基本知识和公司注册的办事流程，培养创业能力。

4.过程与方法目标

①激发学生的社会属性，提高学生的动手能力和理论联系实际的能力。

②激发学生的学习兴趣和热情，提高学生的学习能力，培养学生的组织能力、协作能力和团队精神。

实现路径：

①通过半游戏化的模拟实践活动激发学生的学习兴趣和热情。

②通过创设社会工作情境和氛围激发学生的社会属性。

③通过自主学习和运用理论知识为模拟公司选址和注册，巩固所学知识，提高学生的学习能力和理论联系实际的能力。

④通过学生独立组织合作完成任务，培养学生的组织能力、协作能力和团队精神。

**（三）任务内容**

任务内容具体如下：

①拟创办公司的学生通过调研为公司选择适合经营的场所。

②拟创办公司的学生组织相关材料，到模拟市场监督管理局登记注册。

③拟创办公司的学生要做资金预算和财务报表，如办公地点租金、购置办公设备及用品的费用支出等。

**（四）任务要求与要点**

1.任务要求

①模拟公司要有具体的经营地点、明确的经营范围和产品，以后市场调研、产品销售等一系列任务都是围绕公司注册的经营范围和产品展开。

②成立模拟公司的小组要按照现实中创办公司的流程完成公司选址和注册，模拟市场监督管理局工作人员的教学助理要了解公司注册的流程，注册过程应尽量接近现实。

③做资金预算和编制财务报表时要有依据，预算和报表要合理且接近现实。

2.任务要点

①公司选址。俗语说"知地取胜，择地生财"。公司选址的要点是，通过认真的市场调研结合公司的性质和经营范围确定合适的经营地点。

②学会与人沟通。人与人之间的有效沟通是建立良好关系的桥梁。对个人而言，良好的沟通能够使我们坦诚地生活、有人情味地分享，以人为本，在人际互动中充分享受自由、和谐、平等。作为一个创业者必须要有良好的沟通能力，与市场监督管理局等行政部门的有效沟通是公司创办和发展的重要环节。

③精打细算。创业初期资金一般都比较紧张，学生要学会精打细算。

**（五）考核指标**

1.德育指标

①选址时是否考虑人文因素，注册时是否有礼有节。

②正确理解节俭美德。节俭并不是一味地省钱，该花的钱还是要花，关键是做好预算不要浪费资金。

2.知识技能指标

①与市场监督管理局沟通是否顺畅，准备的材料是否充分。

②预算表和财务报表是否规范。

3."三创"教育指标

①选址是否科学合理，是否适合创业。

②对公司注册知识的掌握程度。

4.过程与方法指标

①是否发挥了团队的作用，是否有明确的分工合作。

②是否把理论知识合理运用到实际工作当中。

③工作过程是否规范，方法是否得当。

5.量化指标

①选址性价比、房租等财务指标是否合理。

②去了几次市场监督管理局完成了注册，如果一次成功则证明沟通能力强。

## （六）任务评分标准

此项任务评分重点关注以下三点：

①对选址的调研过程和依据进行综合考量，满分30分。

②对注册过程进行综合考量，酌情给分，满分30分。

③评分小组依据书面预算和论证情况打分。

注：最终通过论证的小组都会完成注册，所以对注册公司结果不做评分；对小组的预算做评定，评分小组依据书面预算和论证情况打分；对市场监督管理局工作人员打分，主要是根据其对业务的熟悉程度和服务情况进行评定。

## （七）相关表格

请仔细阅读企业名称登记申请书填写说明，按要求填写。

**企业名称登记申请书**

| □企业名称登记申请 | | | |
|---|---|---|---|
| 申请企业名称 | _____<br>（申请集团母公司需填写：集团名称_____） | | |
| 企业住所地 | _____省（市/自治区）_____市（地区/盟/自治州）<br>_____县（自治县/旗/自治旗/市/区） | | |
| 注册资本（金） | 万元 | 币种 | |
| 投资总额（外） | 万元 | 币种 | |
| 企业类型 | | 经营期限 | |
| 经营范围 | | | |

| 投资人 | 内资 | 名称或姓名 | | 证照号码 | | |
|---|---|---|---|---|---|---|
| | | | | | | |
| | | | | | | |
| | | | | | | |
| | | | | | | |
| | | | | | | |
| | 外资 | 名称或姓名 | 国别（地区） | 出资额（万元） | 币种 | 出资比例 |
| | | | | | | |
| | | | | | | |
| | | | | | | |
| | | | | | | |

| 指定代表或者共同委托代理人 | | |
|---|---|---|
| 具体经办人姓名 | 身份证件号码 | 联系电话 |
| | | |

| 授权期限 | 自　　　年　　　月　　　日至　　　年　　　月　　　日 |
|---|---|

授权权限　1.同意□　不同意□　核对登记材料中的复印件并签署核对意见；

　　　　　2.同意□　不同意□　修改有关表格的填写错误；

　　　　　3.同意□　不同意□　领取《企业名称保留告知书》。

|  |  |
|---|---|
|  | （指定代表或委托代理人、具体经办人身份证件复印件粘贴处） |
| 申请人<br>签字或盖章 | <br><br><br><br><br><br><br><br>　年　　月　　日 |

## 企业名称登记申请书填写说明

以下说明供填写申请书时参照使用，不需要向登记机关提供。

①本申请书适用于申报企业名称。

②申请人应根据《企业名称登记管理规定》和《企业名称登记管理规定实施办法》有关规定申报企业名称，所提供信息应当真实、合法、有效。

③"企业类型"栏应根据以下具体类型选择填写：有限责任公司、股份有限公司、非公司企业法人、营业单位、外资企业等。

④"经营范围"栏只需填写与企业名称行业或者经营特点相一致的主要业务项目，应参照《国民经济行业分类》国家标准及有关规定填写。

⑤申报企业名称，申请人为全体投资人。其中，自然人投资的由本人签字，

非自然人投资的加盖公章。

⑥指定代表或委托代理人、具体经办人应在粘贴的身份证件复印件上用黑色钢笔或签字笔签字确认"与原件一致"。

⑦"投资人"项可加行续写或附页续写。

⑧申请人提交的申请书应当使用A4型纸。依本表打印生成的，使用黑色钢笔或签字笔签署；手工填写的，使用黑色钢笔或签字笔工整填写、签署。

## 二、教师的教学过程

教师按照"讲、做、导、评"四字教学法进行教学，即先讲理论知识和工作技巧，之后做示范，然后辅导学生学习和完成任务，最后对学生学习和完成任务情况做点评。

### （一）讲

1.讲相关的基础知识和成功案例

教师除了要给学生讲解公司选址和注册的基本知识，还要给学生讲一个因为选址选得好而成功创业的案例。

2.描述任务

任务描述要清晰明了、引人入胜，教师要讲清楚学生该做什么，怎么做，最后的成果是什么。

**任务描述表**

| 任务名称 | 做什么 | 怎么做 | 成果 |
|---|---|---|---|
| 选址与注册公司 | 1.选择一个适合公司发展的地址。<br>2.完成公司注册，成立公司 | 1.做市场调研，结合公司的经营特点选择合适的企业经营地址。<br>2.准备好材料，到市场监督管理局完成公司注册 | 选择合适的经营地点，完成公司注册 |
| 任务说明：选址主要锻炼学生的市场调查与预测的能力，注册公司锻炼学生的人际交往能力 | | | |

### （二）做

1.营造氛围

模拟实践教学要具有一定的学习氛围才会收到好的学习效果，所以教师在每次布置任务之前要做好思想动员和心理暗示，营造良好的学习氛围，让学生进入

任务状态，感觉就是在做一项真实的工作。

2.情境创设

在模拟实践教学中，教师要为学生创设尽量接近现实的情境。情境的创设包括三方面的内容：一是事件假设；二是角色设定；三是场景创设。

**情境创设表**

| 事件假设 | 角色设定 | 场景创设 |
| --- | --- | --- |
| 假设学生做好了自主创业的充分准备，现在进入创业的实质性工作阶段，先要选择公司经营场所（经营地址），之后要到市场监督管理局注册公司 | 学生都已经是社会成员了，现在是创业者，准备创办公司 | 创设选择公司经营场所和注册公司的场景 |

3.做示范

教师做一个选址方案供学生参考，或者给出一个公司选址成功的案例和一个选址失败的案例给学生做参考。

**（三）导**

在学生完成作业的过程中，专业教师和实践教学辅导老师要辅导学生完成作业，并与学生共同探讨问题。

**（四）评**

教师最后要对学生完成任务的过程和成果进行总结与点评，指出学生做得好的地方和存在的不足，并对不足之处提出改进意见。

本次任务教师点评的要点如下：

①选择的经营地址是否有利于企业经营，如果选择租用场地，租金等费用是否合理等。

②在注册公司时，与市场监督管理局工作人员的交流是否顺畅等。

## 三、学生的学习过程

学生按照"学、做、讲、论"四字学习法进行学习，学生接受任务之后，要迅速进入角色，积极投入任务中，完成任务时按照完整行动思维模式的资讯、计划、决策、实施、检查、评价六步骤进行，其中资讯（收集相关资讯）是在学的过程中完成的，就是自学和听讲时完成资讯的收集，计划、决策、实施是在做的过程中完成的，检查和评价是在学生讲、论和教师点评的过程中完成的。

**（一）学**

学生要收集相关资讯，学习公司选址和注册的相关知识，学会利用各种工具和方法自学，开动脑筋创新学习方法。

**（二）做**

完成选址与注册公司任务，学生需要做的事情是开展市场调研，结合自己公司的经营范围选择适合公司发展的经营地址，到模拟市场监督管理局注册公司。

选址与注册公司的具体步骤如下：

①计划。制订选址计划。

②决策。选择最优计划。

③实施。执行计划，选择经营地址，到市场监督管理局注册公司。

**（三）讲**

在检查实施步骤和评价实施效果的基础上，每个小组派代表把自己小组的工作想法讲给全班学生听，要讲清楚为什么选这个地址创办公司，并把自己去市场监督管理局注册公司的经过分享给大家。

**（四）论**

在各小组宣讲自己选择的公司地址、选址理由以及注册公司过程之后，其他学生可以提出异议，宣讲的小组要回答其他学生提出的问题，全班学生共同讨论各个小组所选择的经营地址是否合理。大家共同对每个小组的实施计划、实施步骤和实施效果进行评价，总结经验，相互借鉴，共同进步。

注：模拟公司成立后，小组与实践教学辅导老师开始互选，即通过双向选择的方式确定各小组的实践教学辅导老师。

## 典型工作任务四　招聘与面试

合伙创办公司的学生在市场监督管理局成功注册公司后，就可以开始招聘员工。没有创办公司的学生以应聘者的身份去公司面试，即到其他学生的公司应聘。今后的作业和任务都是以公司为单位来完成，每个公司就是一个学习小组。要学习招聘和应聘的知识，招聘企业要撰写招聘启事、组织面试，每家公司的总人数控制在5~6人为宜。

具体的模拟招聘过程：公司派人在黑板上写好自己公司的招聘启事，包括招聘岗位、工作职责、薪资待遇等，行文规范，要素齐全，使应聘者看后一目了然。公司安排专人进行宣讲和解读。应聘的学生要准备规范的个人简历，如果去应聘，需要向公司递交简历，公司收到简历后会安排面试。学生面试成功成为公司一员就有分组得分。该过程是公开进行的，教师要对其进行考核和打分，具体评分办法参考第三章考核评价中的具体内容。

这一过程锻炼学生的应聘能力，同时可以让学生尽早了解社会上的各个工作岗位的具体要求、工作职责以及待遇等问题，为学生毕业后找工作打下一定的基础。

招聘员工的公司要调查社会上各个岗位的待遇、岗位工作内容等大量信息；应聘的学生要学习面试的礼仪和应聘的技巧。这些知识要求学生自己去学习和了解，也可以参考本书第三部分教学参考资料的相关内容。

## 一、任务说明

招聘是分组的最后一个环节，没有创办公司的学生要通过应聘的方式加入小组。招聘与面试这一任务既是分组过程也是实践教学的重要环节。在这一任务中，教师的工作是动员学生积极应聘，想办法让学生进入情境；学生要开动脑筋积极思考，以面试官和应聘者的心态去完成任务。

### （一）任务情境

学生毕业后，一部分人合伙创办公司并完成了公司注册，而大部分没有自己创业的人则面临找工作的问题。现在创办公司的人因公司刚成立急需招聘大量人才，于是开始面向社会招聘员工，而大部分人则四处寻找合适的公司应聘，努力寻找合适的工作，他们看到了招聘启事后选择到各个公司应聘岗位。

### （二）任务目标

1.德育目标

①培养学生的礼节意识和尊重他人的美德。

②培养学生注重细节的意识，养成良好的行为习惯。

实现路径：

①面试是一个双向选择的过程，彬彬有礼是相互选择的重要前提，招聘者和面试者要懂得面试的礼仪，学会互相尊重。

②细节决定成败，不重视细节可能是导致应聘失败的主要原因，要了解在面试过程中培养细节意识和良好行为习惯的重要性。

2.知识技能目标

①培养学生的信息收集能力，使学生了解时下公司用工情况，各个工作岗位的岗位职责、工资待遇以及任职要求等。

②培养学生的识人能力，掌握选择人才的技巧。

③培养学生的应变能力，掌握面试技巧。

④锻炼学生语言表达能力，体验面试的情境。

实现路径：

①通过面试前的准备工作，培养学生的信息收集能力。

②通过面试员工，培养学生的选人技巧和识人能力。

③通过应聘面试培养学生的应变能力，训练面试技巧。

3."三创"教育目标

培养学生的创业意识和创造、创新能力。

实现路径：运用新的招聘与面试方式等，培养学生的创业意识和创造、创新能力。例如，有什么办法可以招到优秀员工，用什么方式吸引别人来公司面试；如何包装自己，如何应聘到自己满意的公司等。

4.过程与方法目标

①激发学生的社会属性，提高学生的动手能力和理论联系实际的能力。

②激发学生的学习兴趣和热情，提高学生的学习能力，培养学生的组织能力、协作能力和团队精神。

实现路径：

①通过半游戏化的模拟实践活动激发学生的学习兴趣和热情。

②通过创设社会工作情境和氛围激发学生的社会属性。

③通过自主学习和运用理论知识为模拟开展招聘面试活动，巩固所学的招聘面试知识，提高学生的学习能力和理论联系实际的能力。

④通过学生独立组织合作完成任务，培养学生的组织能力、协作能力和团队精神。

（三）任务内容

任务内容具体如下：

①公司撰写招聘启事。招聘启事要行文规范，内容齐全，标明岗位、职责、薪资待遇、工作环境、公司地址、联系方式、招聘时间等。

②公司开展招聘宣讲和面试工作。把招聘启事写在黑板上，并在讲台宣讲，讲自己的企业优势，吸引更多的学生应聘。

③公司组织面试。公司要认真组织面试工作。

④应聘者撰写个人简历，到模拟公司应聘。

⑤招聘面试结束后，达成意向的双方要签订用工合同。

**（四）任务要求与要点**

1.任务要求

①公司认真组织面试，认真查看应聘者简历，提问考核应聘者。

②应聘者认真面试，了解公司应聘内容，写好个人简历。

2.任务要点

①熟悉面试礼仪。

②熟悉面试流程。

③写好招聘启事。

④写好个人简历。

**（五）考核指标**

1.德育指标

①招聘面试时是否体现了尊重他人的理念。

②签署用工合同时是否充分考虑了双方的利益。

2.知识技能指标

①选人用人的能力。

②面试应聘技巧掌握情况。

③与人沟通交流能力。

3."三创"教育指标

招聘面试过程中是否展现了创新意识和创造能力。

4.过程与方法指标

①是否发挥了团队的作用，是否有明确的分工合作。

②是否把理论知识合理运用到实际工作当中。

③工作过程是否规范，方法是否得当。

5.量化指标

①公司方面招聘启事写得否规范，宣讲是否成功，是否招聘到学生。

②应聘学生的个人简历写得是否规范，有没有吸引力，是否被公司录用。

③是否成功组建或加入创业团队。

## （六）任务评分标准

此项任务打分分为两项：一是过程分，对招聘启事、招聘过程以及学生应聘过程打分；二是结果分，每位应聘成功的学生加10分。

## （七）相关表格

### 应聘求职表

应聘部门：　　　　　　　　　　　　　　　　　　　　　　　　　　年　　月　　日

| 基本信息 | 姓名 | | 性别 | | 出生年月 | | 身高 | | 相片（小二寸免冠） |
|---|---|---|---|---|---|---|---|---|---|
| | 籍贯 | | 身份证 | | | | | | |
| | 毕业院校 | | | 所学专业 | | | | | |
| | 学历 | | 学位 | | 婚姻状况 | | | | |
| | 职称 | | 职务 | | | | 政治面貌 | | |
| | 手机 | | | E-mail | | | | | |
| | 家庭住址 | | | 家庭电话 | | | | | |

| 教育经历 | 起止年月 | 毕业院校 | 所学专业及研究方向 | 学历 | 学位 |
|---|---|---|---|---|---|
| | | | | | |
| | | | | | |
| | | | | | |
| | | | | | |
| | | | | | |
| | | | | | |
| | | | | | |

| 主要课程 | 中专阶段 | 大专阶段 | 本科阶段 |
|---|---|---|---|
| | | | |

续　表

| | 起止年月 | 工作/实践单位 | 工作内容（教师请注明任教课程） |
|---|---|---|---|
| 工作/实践经历 | | | |
| | | | |
| | | | |
| | | | |
| | | | |
| | | | |
| | | | |

| | 外语水平 | 计算机水平 | 其他 |
|---|---|---|---|
| 基本技能 | | | |
| | | | |

| 近三年获奖情况 | |
|---|---|
| 近三年学术研究及论文发表情况 | |
| 备注 | |

## 应聘人员登记表

| 应聘职位 | | | | | | |
|---|---|---|---|---|---|---|
| 姓名 | | 性别 | | 出生年月 | | 婚姻状况 | |
| 民族 | | 政治面貌 | | 户口所在地 | | |
| 学历 | 日期 | 学校 | 专业 | 学位 |
| | | | | |
| | | | | |

续　表

| | 时间 | 单位 | 职务 | 离职原因 | 证明人 | 联系电话 |
|---|---|---|---|---|---|---|
| 工作经历 | | | | | | |
| | | | | | | |
| | | | | | | |
| | | | | | | |
| | | | | | | |

| | 时间 | 名称 |
|---|---|---|
| 职业证书 | | |
| | | |
| | | |

| | 普通话 | 精通 | 好 | 较好 | 一般 | 不懂 | 备注 |
|---|---|---|---|---|---|---|---|
| 语言能力 | 方言1 | | | | | | |
| | 方言2 | | | | | | |
| | 英语 | | | | | | |
| | 其他外语 | | | | | | |

| 主要工作成就 | |
|---|---|
| 本人性格特点 | |
| 业余爱好和兴趣 | |
| 求职动机 | |
| 本人需要说明的其他情况 | |

本人声明：以上所填写的内容均属实，如有不实之处，可作为招聘方解除劳动关系的理由。

签字　　　年　　月　　日

应聘人员汇总表

| 序号 | 姓名 | 性别 | 年龄 | 所学专业 | 应聘职位 |
|------|------|------|------|----------|----------|
|      |      |      |      |          |          |
|      |      |      |      |          |          |
|      |      |      |      |          |          |
|      |      |      |      |          |          |

## 二、教师的教学过程

教师按照"讲、做、导、评"四字教学法进行教学，即先讲理论知识和工作技巧，之后做示范，然后辅导学生学习和完成任务，最后对学生学习和完成任务情况做点评。

（一）讲

1.讲相关的基础知识和成功案例

教师除了讲解招聘与面试的基础知识，还要至少讲一个企业成功招聘到优秀员工或个人应聘成功的案例。

2.描述任务

任务描述要清晰明了、引人入胜，教师要讲清楚学生该做什么，怎么做，最后的成果是什么。

任务描述表

| 任务名称 | 做什么 | 怎么做 | 成果 |
|----------|--------|--------|------|
| 招聘与面试 | 公司招聘员工；<br>个人应聘面试 | 公司撰写招聘启事，组织招聘工作；<br>个人制作简历，到公司面试 | 公司招聘到合适的员工；<br>个人应聘进入理想的公司 |
| 任务说明：招聘员工是创办公司的学生需要完成的任务，去公司应聘是没有创业的学生需要完成的任务 |||| 

（二）做

1.营造氛围

模拟实践教学要具有一定的学习氛围才会收到好的学习效果，所以教师在每次布置任务之前要做好思想动员和心理暗示，营造良好的学习氛围，让学生进入任务状态，感觉就是在做一项真实的工作。

2.情境创设

在模拟实践教学中，教师要为学生创设尽量接近现实的情境。情境的创设包括三方面的内容：一是事件假设；二是角色设定；三是场景创设。

情境创设表

| 事件假设 | 角色设定 | 场景创设 |
| --- | --- | --- |
| 假设学生已经毕业了，走上了社会。有的学生自主创业开办了公司，现在要招聘员工；多数学生没有创业现在寻找合适的单位应聘 | 学生都已经是社会成员了，有的学生是创业者，有的学生是员工 | 班级是社会的缩影，大家不是在班级课堂，而是在社会里 |

3.做示范

教师最好为学生示范如何进行招聘和应聘，也可以展示一些案例供学生参考。

（三）导

授课的专业教师和实践教学辅导老师引导学生完成任务，辅导学生招聘与应聘。

（四）评

教师最后要对学生完成任务的过程和成果进行总结与点评，指出学生做得好的地方和存在的不足，并对不足之处提出改进意见。

本次任务教师点评的要点如下：

①招聘启事写得是否规范，招聘流程是否有问题。

②简历写得是否好，面试礼仪是否符合要求。

## 三、学生的学习过程

学生按照"学、做、讲、论"四字学习法进行学习，学生接受任务之后，要迅速进入角色，积极投入任务中，完成任务时按照完整行动思维模式的资讯、计划、决策、实施、检查、评价六步骤进行，其中资讯（收集相关资讯）是在学的过程中完成的，就是自学和听讲时完成资讯的收集，计划、决策、实施是在做的过程中完成的，检查和评价是在学生讲、论和教师点评的过程中完成的。

（一）学

学生要收集招聘面试相关的资讯，学习招聘和面试的相关知识，学会利用各种工具和方法自学，开动脑筋创新学习方法。

（二）做

招聘方（扮演招聘公司员工的学生）需要做的事情是撰写和发布招聘启事，做招聘宣传和组织招聘工作；参加面试的学生要撰写个人简历，到模拟公司应聘。

招聘与面试的具体步骤如下：

①计划。制订实施计划，招聘公司要根据自己企业的实际情况决定招聘岗位及岗位待遇。

②决策。选择最优计划。

③实施。执行计划。

### （三）讲

招聘小组要宣讲自己的公司并做招聘宣传。应聘者在面试时要做自我介绍，将自己的优点和应聘的优势讲出来。在检查实施步骤和评价实施效果的基础上，每个小组讲一下自己的招聘过程。应聘的学生也可以分享自己应聘的心得，讲述自己的应聘准备过程。

### （四）论

全班学生对公司的招聘启事和招聘宣讲进行评论，面试官对面试者进行评价。大家共同对每个小组的实施计划、实施步骤和实施效果进行评价，总结经验，相互借鉴，共同进步。

注：在完成了分组工作后，组建正式的评分委员会。正式评分委员会的成员由教学助理和每个小组选派的一名代表组成。

## 典型工作任务五　构建组织架构

创办公司的学生完成招聘之后，要健全公司组织架构，设立部门和岗位，确定部门职责和人员分工。

公司制定的各项规章制度中必须要有员工岗位职责。市场部（或营销部）和财务部是公司必须要设立的部门。市场部主要负责市场策划和销售工作，是创业成功的关键部门。财务部门要定期做财务报表和员工工资表。这里的“工资”包括学生的得分，即每完成一次集体任务小组得到一定的分数，组长再把集体得分分配给个人。小组成员单独完成任务的加分可以折算成“奖金”。如果有些公司不愿意把个人完成任务的得分转化为奖金发给个人，也可以计入公司总成绩后进行二次分配。公司员工的得分要报给教学助理，教学助理要认真记录员工得分，这些得分最后要转化为小组成员的成绩。在模拟公司里，学分的记录可以由财务部门完成，也可以由其他部门完成，财务部门对员工的工资计酬主要按虚拟招聘时定的工资标准计算，得分可以作为发放奖金的参考。

分工是让学生真正进入角色，每个学生都有自己的分工，各负其责，同时展现"分工不分家"的团队合作精神。分工时，每个小组须设立监察机构或任命一名监察员监督学生的学习情况。鼓励小组内部建立"奖勤罚懒"的制度，一是锻炼学生的管理能力，二是可以避免个别学生滥竽充数，不参与实训活动。

完善组织架构与管理制度是明确分工、完善公司管理的过程，是公司经营与管理的重要环节。模拟公司的领导要像管理公司一样管理组员，重点解决个别组员不参与实训的问题。

# 一、任务说明

每个组织都有其组织架构和人员分工，公司自然也要有组织架构和人员分工。公司完成员工招聘之后要对人员进行分工。分工明确、各司其职有利于公司的运行。因为每个小组人员都不多，可以一个人担任几个部门的角色。

## （一）任务情境

公司设立时会有一个简单的公司组织架构，完成招聘，在人员到位后，要完善企业的组织架构，明确各部门的岗位职责，明确人员的分工。

## （二）任务目标

1.德育目标

①培养"领导者"任人唯贤的美德。

②培养"员工"谦虚谨慎、不攀比的美德。

实现路径：

①通过人员分工培养任人唯贤的美德。

②通过服从安排培养踏实肯干的作风。

2.知识技能目标

①培养学生的组织管理能力，逻辑思维能力。

②培养学生进行统筹安排的能力，使学生学会如何组建科学合理的组织架构和打造优秀团队。

③培养学生把各种资源有效地组合起来，协调一致，保证领导决策顺利实施的能力。

实现路径：

①通过构建组织架构绘制组织架构图，培养学生的组织管理能力，逻辑思维能力。

②通过人员分工和制定各项管理制度，培养学生进行统筹安排，组建一套科学合理的组织架构，打造优秀团队，把各种资源有效地组合起来，协调一致，保证领导决策顺利实施的能力。

3."三创"教育目标

培养学生的创业、创造和创新能力。

实现路径：通过完善公司的组织架构，制定部门规章制度和员工职责手册等一系列创业前期工作的模拟实践，培养学生的创业、创造和创新能力。

4.过程与方法目标

①激发学生的社会属性，提高学生的动手能力和理论联系实际的能力。

②激发学生的学习兴趣和热情，提高学生的学习能力，培养学生的组织能力、协作能力和团队精神。

实现路径：

①通过半游戏化的模拟实践活动激发学生的学习兴趣和热情。

②通过创设社会工作情境和氛围激发学生的社会属性。

③通过自主学习和运用理论知识为模拟公司构建组织架构，巩固所学的组织架构知识，提高学生的学习能力和理论联系实际的能力。

④通过学生独立组织合作完成任务，培养学生的组织能力、协作能力和团队精神。

**（三）任务内容**

任务内容具体如下：

①绘制公司组织架构图，制定并完善部门职责和员工职责手册。

②制定各项规章制度和奖惩条例，完善公司管理制度。

③每人写一份职务认知，写清楚自己在公司的分工和职责。

**（四）任务要求与要点**

各个小组要认真对待这项任务，不仅做到分工合理，还要制定有效的管理办法，用制度管人。

1.任务要求

构建公司的组织架构，明确人员分工。分工时尽量做到人人有事做，事事有人管。

2.任务要点

①制定组织架构。企业要有一个好的组织架构，明确公司设立的具体部门，各个部门的职责要清晰。

②明确个人职务职责。确定个人的职务之后，一定要确定每个职务的职责。

③设立监察机构或任命监察员。每一个小组要设立监察机构或任命一位监察员，负责对员工的工作进行监督。

**（五）考核指标**

1.德育指标

①是否有分工不分家的团队意识。

②是否有谦虚谨慎、不争名夺利的美德。

2.知识技能指标

①组织架构图绘制得是否清晰明了。

②人员分工是否合理。

3."三创"教育指标

①组织架构是否有创新。

②分工是否有创造性。

4.过程与方法指标

①是否发挥了团队的作用，是否有明确的分工合作。

②是否把理论知识合理运用到实际工作当中。

③工作过程是否规范，方法是否得当。

5.量化指标

①公司部门的设置数量是否与公司规模匹配，部门人员数量是否和部门工作相匹配。

②部门职责和分工是否合理，员工之间分工是否合理。

**（六）任务评分标准**

1.组织架构

架构是否合理，部门的设置是否有利于公司的运营。

2.人员分工

是否人人有事做，事事有人管。

3.公司规章制度

规章制度是否有创新，是否可以调动员工的积极性，是否有利于公司管理。

4.个人任务

每个人是否清楚自己在公司的分工和职责，对职责分工的理解是否准确。

## （七）相关图表

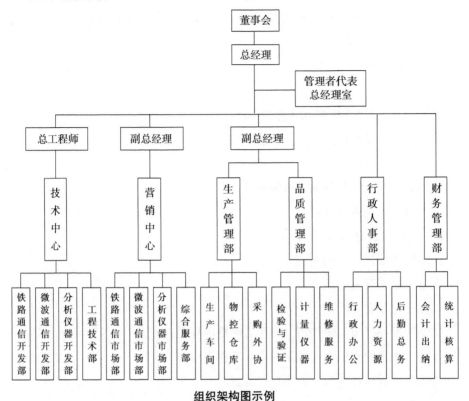

组织架构图示例

分工表

| 序号 | 姓名 | 职务 | 岗位职责 |
|------|------|------|----------|
|      |      |      |          |
|      |      |      |          |
|      |      |      |          |
|      |      |      |          |

## 二、教师的教学过程

教师按照"讲、做、导、评"四字教学法进行教学，即先讲理论知识和工作技巧，之后做示范，然后辅导学生学习和完成任务，最后对学生学习和完成任务情况做点评。

## （一）讲

### 1.讲相关的基础知识和成功案例

教师除了讲解组织架构和人员分工基础知识之外，还要至少讲一个因人员分工合理而创业成功的案例。

### 2.描述任务

任务描述要清晰明了、引人入胜，教师要讲清楚学生该做什么，怎么做，最后的成果是什么。

**任务描述表**

| 任务名称 | 做什么 | 怎么做 | 成果 |
|---|---|---|---|
| 人员分工 | ①构建组织架构。②确定人员分工 | ①结合公司情况以及人员组成，合理构建组织架构。②依据组织架构完成公司人员的合理分工，明确工作职责 | 组织架构图、人员分工表、工作手册 |
| 任务说明：分工的原则是人人有事做，事事有人管 |||| 

## （二）做

### 1.营造氛围

模拟实践教学要具有一定的学习氛围才会收到好的学习效果，所以教师在每次布置任务之前要做好思想动员和心理暗示，营造良好的学习氛围，让学生进入任务状态，感觉就是在做一项真实的工作。

### 2.情境创设

在模拟实践教学中，教师要为学生创设尽量接近现实的情境。情境的创设包括三方面的内容：一是事件假设；二是角色设定；三是场景创设。

**情境创设表**

| 事件假设 | 角色设定 | 场景创设 |
|---|---|---|
| 假设学生刚刚创办了公司，招聘了员工，现在要构建组织架构，明确岗位职责和分工 | 学生是公司创办者，公司成立之初需要完善各项规章制度 | 公司刚刚成立，招聘了大量员工，需要明确人员分工和岗位职责 |

### 3.做示范

教师为学生提供一个模拟公司的组织架构图，设置部门和岗位，制定岗位职责，也可以给出一个案例供学生参考。

## （三）导

专业课任课教师和实践教学辅导老师要引导和辅助学生分析自身情况，设置合理的组织部门，依据部门设置岗位并制定岗位职责。

### （四）评

教师最后要对学生完成任务的过程和成果进行总结与点评，指出学生做得好的地方和存在的不足，并对不足之处提出改进意见。

本次任务教师点评的要点如下：

①公司的部门设置是否合理，小组是否人人有事做，公司是否事事有人管。

②每个学生是否理解了自己的岗位职责和要求，是否知道自己的岗位需要做哪些事情。

## 三、学生的学习过程

学生按照"学、做、讲、论"四字学习法进行学习，学生接受任务之后，要迅速进入角色，积极投入任务中，完成任务时按照完整行动思维模式的资讯、计划、决策、实施、检查、评价六步骤进行，其中资讯（收集相关资讯）是在学的过程中完成的，就是自学和听讲时完成资讯的收集，计划、决策、实施是在做的过程中完成的，检查和评价是在学生讲、论和教师点评的过程中完成的。

### （一）学

学生要收集相关资讯和材料，学习组织架构和岗位职责相关的知识，学会利用各种工具和方法自学，开动脑筋创新学习方法。

### （二）做

学生需要结合公司实际绘制企业组织架构图，设置部门，配备岗位并制定岗位职责。每位学生都要熟悉自己的岗位和职责。

构建组织架构的具体步骤如下：

①规划。召开会议，规划公司要设置的部门和各部门之间的关系。

②绘图。依据规划绘制企业组织架构图。

③定岗。定员定岗。

④定制度。制定岗位制度。

⑤宣布。开会宣布公司岗位人员和职责。

### （三）讲

在检查实施步骤和评价实施效果的基础上，每个小组派代表把自己小组的想法讲给全班同学听，要讲清楚自己公司的组织架构、部门设置、岗位职责等，每个同学都要分享自己对公司组织的理解以及自己岗位的职责。

### （四）论

在各小组宣讲自己的组织架构、部门设置和岗位职责后，其他学生可以提出异议，宣讲的小组要回答其他学生提出的问题，全班学生共同讨论各个小组的组织架构、部门设置和岗位职责的合理性与可行性。大家共同对每个小组的实施计划、实施步骤和实施效果进行评价，总结经验，相互借鉴，共同进步。

完成分组后要对整个分组过程进行考核评价，评价分为教师点评、小组自评和小组互评。完成分组后的考核评价既是学业考核评价也是教学总结，是对教师教学效果和学生学习效果的阶段性总结。各个小组可以提建议和意见，师生共同努力改进教学方法，为下一步教学打好基础。依据分组得分计算汇总并公布小组成绩和学生个人成绩，对各小组和学生的成绩进行统计排名，建议每周进行一次排名，每个人有一个学分表，记录个人在组内的排名和得分情况。（学分表参见第三章第一节内容）

完成分组后，原临时评分委员会解散，组建正式的评分委员会。正式评分委员会的成员由教学助理和每个小组选派的一名代表组成。

---

在基于工作过程的德技创融合模拟实践教学中，组建创业团队是分组的过程，是在创新与创业教育模拟实践中完成分组。分组是项目教学法和任务教学法的基础，分组工作就像打地基一样，地基打牢固了上面的建筑物才会坚固耐用。大多数教师在运用任务教学法或项目教学法上课时，都是简单机械地进行分组，对分组环节的重要性认识不够。德技创融合模拟实践教学法的分组方式可以应用到大多数经济类专业的项目教学和任务教学中，尤其适合市场营销专业实训教学和"三创"教育的模拟实践教学。

---

## 第三节　布置任务

分组工作完成后，教师就可以顺利地运用项目教学法、任务教学法和工作过程导向教学法开展教学活动了。基于工作过程的德技创模拟实践教学法作为一种教学方法可以应用在多个专业和不同的课程上。教师可以依据教学需要和实训的要求自主设置工作任务，任务的布置和要求也可以自行设定，教学的目的是让学生掌握相应的知识和技能。教师可以布置工作和任务让学生以小组为单位集体去完成，也可以按照模块教学、项目教学、工作过程导向教材、活页式教材等内容给学生布置工作和任务。

本书列举的任务几乎涉及大多数经济类专业课程的内容，如营销、财务、商品、物流、人力资源管理、统计学等知识，可以作为"三创"教育课程和市场营销专业实训的模拟教学参考书。

模拟实践教学的实训活动可以延伸到课后，教师在课堂上布置的任务如果学生没能当堂完成，可以在课后继续以小组为单位完成，教师也可以布置一些任务让学生在课后完成。在学生完成任务的过程中教师要鼓励他们多途径学习知识，提高学生自学能力。

## 一、基于工作过程的德技创融合模拟实践任务的特征

### （一）任务的同质性与差异性

通常，教师应用常规的项目教学和任务教学法布置的任务是同质无差异的，即每个任务每个小组都是一样的。例如，公司选址与注册任务，教师会给出同一个公司背景，然后让大家完成任务。任务的背景可能是，张某想开一家销售水果的公司，请学生帮张某选择合适的经营地址，并指导张某去市场监督管理局注册。这个任务每个小组都是以销售水果为背景，选址与注册公司任务完全相同，不存在差异。

基于工作过程的德技创融合模拟实践教学法，教师布置的任务与常规的项目教学和任务教学法的不同之处是，布置的任务既有同质性又有差异性。同质性是指教师每次布置给全班学生的任务是一样的，每个小组每次完成的任务也是一样的。差异性是指各小组在完成同一个任务时存在一些差异，同一个任务对不同的小组而言是不一样的。差异性的来源是各个小组选择的销售产品存在差异，有的小组是销售海鲜的，有的小组是销售汽车的，有的小组可能是咨询公司。还就公司选址与注册任务来说，不同的公司选择经营地址的原则和要求并不完全一致，但注册公司的流程是一样的，而一样的流程不同的公司提供的材料可能也有一些差异。换言之，同样是公司选址的任务，有的小组是给经营海鲜产品的公司选址，而有的小组是为销售汽车的公司选址，有的小组也可能是给物流公司选址。

在基于工作过程的德技创融合模拟实践教学中，布置任务的同质性与差异性给了学生更多的自主权，具体表现是大的方向由教师来定，而具体内容由学生自主选择。例如，模拟谈判任务常规的教学是教师提供一个谈判背景和内容，然后

学生精读案例内容、分组谈判。而我们这里不设定背景和内容，而是由学生根据自己模拟公司的情况自由找谈判对象，谈判内容也是自己定。

简言之，基于工作过程的德技创融合模拟实践布置任务的同质性与差异性实质就是任务相同，任务的具体内容不同。究其原因，每个小组是自由组合的创业公司，面对同样的任务，公司不同，任务内容自然会有一些差异。布置任务的同质性与差异性的结果是各个小组在执行任务时可以各显神通，最后的成果也就各不相同。

### （二）任务内容多元融合

基于工作过程的德技创融合模拟实践教学的育人目标是培养德技双修的技能型人才，因此模拟现实的任务都是内容多元融合的综合性工作，即任务中除了专业技能外还包含德育（含思政）、"三创"教育等多种育人目标，任务的考核也分为德育、技能和"三创"三个维度。

## 二、布置任务的原则

### （一）符合认知规律

布置的任务要符合学生的认知水平，不能超出学生的认知能力太多。基本原则是按照人的认知规律采用递进的方式布置任务，即由浅及深，由简单到复杂。例如，给中职学生布置的任务稍微简单一些，要求可以降低一些，而布置给高职学生的任务可以适当增加难度，要求高一些。

### （二）与时俱进

布置的任务要与时俱进，符合时代要求，任务要结合实际，适当追踪时下热点话题。教师在布置任务时，需要在教材的基础上做一些创新，增加一些与社会发展同步的知识和任务，不能完全照本宣科，原因是教材从编写到出版时间较长，内容有滞后性。

## 三、布置任务的要点

### （一）不脱离专业

教师布置的任务要与本专业密切相关，不能脱离专业，只有与专业密切相关，学生在完成任务时才会运用到专业知识，这样才能达到技能培养的目标。

### （二）不脱离现实

为了避免理论脱离实际，教师布置的任务要符合现实，不能脱离实际工作过程。虽然是模拟实践教学，但是要求每一个任务都源于现实工作。

### （三）无限接近真实

任务的情境创设要尽量接近现实，模拟实践教学的关键是在模拟中体验到真实的工作，所以创设的环境要尽量接近真实，充分发挥环境的指导作用。

### （四）注重思政

布置任务时要注重思想政治教育的重要性，每次布置任务时不但要做思想工作，还要讲一个励志故事激励学生努力学习，认真完成任务，激发学生的学习热情。

讲励志故事和开展思想政治教育的目的是促进学生确立远大的目标，只有树立远大理想，学生才能更加努力学习，而远大的理想也不能脱离时政。

## 四、典型工作任务和总结性工作任务

在完成分组后，教师可以布置一些典型工作任务或总结性工作任务让学生完成。在基于工作过程的德技创融合模拟实践教学中，比较重要的两个典型工作任务是建设企业文化和编制现金流量表；比较重要的总结性工作任务是制作资产负债表和召开年会。

## 典型工作任务六　建设企业文化

一家公司创办后，最重要的一项工作是建设自己公司的企业文化。

## 一、任务说明

企业文化是在一定的条件下，企业生产经营和管理活动中所创造的具有该企业特色的精神财富和物质形态，包括企业愿景、文化观、价值观、企业精神、道德规范、行为准则、历史传统、企业制度、文化环境、企业产品等，其中价值观是企业文化的核心。

### （一）任务情境

调查发现，中国改革开放后出现的民营企业的平均寿命只有3~5年。我们创办公司都希望自己的企业能够走得长远一些，企业如何才能打破3~5年就灭亡的"魔咒"呢？调查还发现，凡是"百年老店"都有自己的企业文化和经营理念。因此，我们在创业之初就要考虑建设自己的企业文化，并形成鲜明的特色。

### （二）任务目标

1.德育目标

①培养学生正确的企业经营理念，以义经商，不取不义之财。

②培养学生的家国情怀和民族大义，认知企业的社会责任与担当。

实现路径：

①通过引导学生建设良好的企业文化，培养正确的经营理念。

②通过将企业的愿景、精神、价值观等文化与国家民族大义融合在一起的方式，培养学生的家国情怀和民族大义。

2.知识技能目标

①培养学生的设计能力、文字表达能力和提炼能力。

②培养学生的组织与领导能力以及团队建设能力。

实现路径：

①通过设计企业标识、提炼企业理念等，培养学生的设计能力、文字表达能力和提炼能力。

②通过构建企业文化，培养学生的组织与领导能力及团队建设能力。

3."三创"教育目标

培养学生的创造、创新、创业思维与能力。

实现路径：通过在企业文化建设中鼓励创造、创新，培养学生的创造、创新、创业思维与能力。

4.过程与方法目标

①激发学生的社会属性，提高学生的动手能力和理论联系实际的能力。

②激发学生的学习兴趣和热情，提高学生的学习能力，培养学生的组织能力、协作能力和团队精神。

实现路径：

①通过半游戏化的模拟实践活动激发学生的学习兴趣和热情。

②通过创设社会工作情境和氛围激发学生的社会属性。

③通过自主学习和运用理论知识为模拟公司打造企业文化，巩固所学的企业文化知识，提高学生的学习能力和理论联系实际的能力。

④通过学生独立组织合作完成任务，培养学生的组织能力、协作能力和团队精神。

（三）任务内容

企业文化，是企业长期生产、经营、建设、发展过程中所形成的管理思想、管理方式、管理理论、群体意识以及与之相适应的思维方式和行为规范的总和，是企业领导层提倡、上下共同遵守的文化传统和不断革新的一套行为方式，体现为企业价值观、经营理念和行为规范，渗透于企业的各个领域和全部时空。其核心内容是企业价值观、企业精神、企业经营理念的培育，是企业职工思想道德风貌的提高。企业文化建设的内容很多且是长期任务，不是一蹴而就的，需要一个渐进的过程。本任务挑一些重要的内容完成即可。

①确定企业的愿景。

②确定经营理念。

③设计企业标识。

④撰写一份企业文化建设方案。

### （四）任务要求与要点

1.任务要求

①认识到企业文化的重要性。

②理解企业文化的内涵。

2.任务要点

确定企业的价值观。

### （五）考核指标

1.德育指标

企业文化建设是否考虑了国家民族和社会公众利益

2.知识技能指标

企业文化设计是否合理。

3."三创"教育指标

企业文化是否有所创新。

4.过程与方法指标

①是否发挥了团队的作用，是否有明确的分工合作。

②是否把理论知识合理运用到实际工作当中。

③工作过程是否规范，方法是否得当。

5.量化指标

①企业文化建设方案中企业文化要素是否健全。

②方案是否涵盖了物质文化、行为文化和精神文化。

### （六）任务评分标准

根据考核指标从精神文化、管理文化、制度文化和物质文化四个维度对企业文化建设方案进行评分，主要考核方案的实用性、可行性和新颖性。

对有所创造和创新的企业文化建设方案进行评分时可以适当加分，对于无创新的方案可以适当减分。

## （七）相关表格

**企业文化建设简表**

| 任务 | 内容 | 备注 |
|---|---|---|
| 确定企业名称的内涵 | | |
| 确定企业的愿景 | | |
| 确定企业的经营理念 | | |
| 确定企业的价值观 | | |
| 确定企业的行为规范 | | |

# 二、教师的教学过程

教师按照"讲、做、导、评"四字教学法进行教学，即先讲理论知识和工作技巧，之后做示范，然后辅导学生学习和完成任务，最后对学生学习和完成任务情况做点评。

在基于工作过程的德技创融合模拟实践教学中，教师应把任务向学生描述清楚，营造学习氛围和创设情境是任课教师的重点工作。

## （一）讲

1.讲相关的基础知识和成功案例

教师除了要讲解一些企业文化基础知识和其他完成任务的必备知识，还要至少讲一个成功的企业文化案例。

2.描述任务

任务描述要清晰明了、引人入胜，教师要讲清楚学生该做什么，怎么做，最后的成果是什么。

**任务描述表**

| 任务名称 | 做什么 | 怎么做 | 成果 |
|---|---|---|---|
| 建设企业文化 | 撰写企业文化建设方案，做一些简单的文化建设工作 | 设计企业标识。<br>确定企业经营理念、价值观和目标。<br>撰写企业文化建设方案 | 企业文化建设方案 |
| 任务说明：企业文化建设是一个贯穿始终的任务，就是要一直做下去 | | | |

**（二）做**

**1.营造氛围**

模拟实践教学要具有一定的学习氛围才会收到好的学习效果，所以教师在每次布置任务之前要做好思想动员和心理暗示，营造良好的学习氛围，让学生进入任务状态，感觉就是在做一项真实的工作。

**2.情境创设**

在模拟实践教学中，教师要为学生创设尽量接近现实的情境。情境的创设包括三方面的内容：一是事件假设；二是角色设定；三是场景创设。

**情境创设表**

| 事件假设 | 角色设定 | 场景创设 |
| --- | --- | --- |
| 公司成立了，为了经营和发展得更好，公司领导决定建设企业文化 | 学生是公司领导，是撰写企业文化建设方案的核心成员 | 多次召开会议研究建设企业文化事宜，大家共同设计企业标识，制定各项制度，完善企业文化 |

**3.做示范**

教师可以做一份企业文化建设方案或找一个完整的优秀企业文化建设方案供学生参考，并给学生讲解撰写思路和过程。

**（三）导**

专业课教师和实践教学辅导老师要指导学生完成任务，帮助学生纠正错误，引导他们撰写出优秀的企业文化建设方案。

**（四）评**

教师要对学生完成任务的过程和成果进行总结与点评，指出学生做得好的地方和存在的不足，并对不足之处提出改进意见。

本次任务教师点评的要点如下：

①企业的价值观是否正确，是否与国家社会利益融合。

②企业经营理念是否正确，是否偏离了道义。

③企业文化建设方案是否可行，是否能够落地。

## 三、学生的学习过程

学生按照"学、做、讲、论"四字学习法进行学习，学生接受任务之后，要迅速进入角色，积极投入任务中，完成任务时按照完整行动思维模式的资讯、计划、决策、实施、检查、评价六步骤进行，其中资讯（收集相关资讯）是在学的过程中完成的，就是自学和听讲时完成资讯的收集，计划、决策、实施是在做的过程中完成的，检查和评价是在学生讲、论和教师点评的过程中完成的。

**（一）学**

学生要收集相关资讯，学习企业文化建设的相关知识，学会利用各种工具和方法自学，开动脑筋创新学习方法。

**（二）做**

学生依据教师布置的任务按照工作过程完成任务。

建设企业文化的具体步骤如下：

①制定方案。制定企业文化建设方案。

②决策。选择最优方案。

③实施。执行方案。

**（三）讲**

在检查实施步骤和评价实施效果的基础上，各个小组派代表把自己小组的企业文化介绍给全班学生，讲一讲自己公司名称的内涵，以及公司的经营理念、价值观和企业目标。学生在宣讲自己公司的企业文化建设方案时，讲得越生动越好。

**（四）论**

全班学生共同讨论各个小组的企业文化建设方案，并指出优缺点。大家可以讨论公司名称是否有创新并发表个人观点，也可以阐述自己对各个小组的公司名称、理念和价值观的建议。大家共同对每个小组的实施计划、实施步骤和实施效果进行评价，总结经验，相互借鉴，共同进步。

## 典型工作任务七　编制现金流量表

分组工作的完成既是模拟实践教学准备工作的完成，也是一个教学阶段的结束。各个小组需要提供一份财务报表，报表可以是一份公司的现金流量表。

## 一、任务说明

公司财务要记好账并定期编制财务报表。财务报表包括资产负债表、利润表、现金流量表或财务状况变动表、附表和附注。财务报表是财务报告的主要部分，不包括董事报告、管理分析及财务情况说明书等列入财务报告或年度报告的资料。

现金流量表是财务报表的三个基本报表之一，所反映的是在一固定期间（通常是每月或每季）内，一家机构的现金（包含银行存款）的增减变动情形。

## （一）任务情境

合理利用资金是成功创业的重要保障，公司的财务部门要记好账、做好报表。作为创业者不要求会做财务报表，但是必须能够看懂财务报表。公司刚刚成立，公司高层要了解一下公司的资金情况，准备检查一下近期公司的现金收支情况，财务部门要尽快编制好近期的现金流量表供公司高层查看。

## （二）任务目标

### 1.德育目标

培养学生的会计职业道德，主要内容有以下八项：

爱岗敬业。要求会计人员热爱会计工作，安心本职岗位，忠于职守，尽心尽力，尽职尽责。

诚实守信。要求会计人员做老实人，说老实话，办老实事，执业谨慎，信誉至上，不为利益所诱惑，不弄虚作假，不泄露秘密。

廉洁自律。要求会计人员公私分明、不贪不占、遵纪守法、清正廉洁。

客观公正。要求会计人员端正态度，依法办事，实事求是，不偏不倚，保持应有的独立性。

坚持准则。要求会计人员熟悉国家法律、法规和国家统一的会计制度，始终坚持按法律、法规和国家统一的会计制度的要求进行会计核算，实施会计监督。

提高技能。要求会计人员增强提高专业技能的自觉性和紧迫感，勤学苦练，刻苦钻研，不断进取，提高业务水平。

参与管理。要求会计人员在做好本职工作的同时，努力钻研相关业务，全面熟悉本单位经营活动和业务流程，主动提出合理化建议，协助领导决策，积极参与管理。

强化服务。要求会计人员树立服务意识，提高服务质量，努力维护和提升会计职业的良好社会形象。

实现路径：实事求是做报表，不造假、不虚报。

### 2.知识技能目标

①会制作简单的财务报表。

②能够看懂基本的财务报表。

实现路径：通过制作财务报表，熟悉基本的财务报表。

### 3."三创"教育目标

培养学生的创业风险意识。

实现路径：通过制作财务报表了解创业的财务风险。

4.过程与方法目标

①激发学生的社会属性，提高学生的动手能力和理论联系实际的能力。

②激发学生的学习兴趣和热情，提高学生的学习能力，培养学生的组织能力、协作能力和团队精神。

实现路径：

①通过半游戏化的模拟实践活动激发学生的学习兴趣和热情。

②通过创设社会工作情境和氛围激发学生的社会属性。

③通过自主学习和运用理论知识为模拟公司做财务报表，巩固所学的财务报表知识，提高学生的学习能力和理论联系实际的能力。

④通过学生独立组织合作完成任务，培养学生的组织能力、协作能力和团队精神。

（三）任务内容

各小组依据模拟公司经营情况编制现金流量表。

（四）任务要求与要点

1.任务要求

依据规范，实事求是做财务报表。

2.任务要点

要做到账账相符，账证相符，账表相符，账实相符，表表相符，证表相符。

（五）考核指标

1.德育指标

是否诚信，不弄虚作假。

2.知识技能指标

现金流量表编制得是否规范准确。

3."三创"教育指标

现金流控制得是否好。

4.过程与方法指标

①是否发挥了团队的作用，是否有明确的分工合作。

②是否把理论知识合理运用到实际工作当中。

③工作过程是否规范，方法是否得当。

5.量化指标

报表反映的数据是否有利于创业工作的顺利开展。

### （六）任务评分标准

此项任务评分重点关注以下两点：

①财务报表的格式是否正确。

②财务报表的数字是否准确。

### （七）相关表格（扫描下方二维码查看东方财富现金流量表）

东方财富现金流量表

## 二、教师的教学过程

教师按照"讲、做、导、评"四字教学法进行教学，即先讲理论知识和工作技巧，之后做示范，然后辅导学生学习和完成任务，最后对学生学习和完成任务情况做点评。

在基于工作过程的德技创融合模拟实践教学中，教师应把任务向学生描述清楚，营造学习氛围和创设情境是任课教师的重点工作。

### （一）讲

1.讲相关的基础知识和成功案例

教师除了讲解编制财务报表（现金流量表）的基础知识，还要至少讲一个与编制财务报表相关的成功案例。

2.描述任务

任务描述要清晰明了、引人入胜，要求教师讲清楚学生该做什么，怎么做，最后的成果是什么。

任务描述表

| 任务名称 | 做什么 | 怎么做 | 成果 |
|---|---|---|---|
| 编制现金流量表 | 依据公司模拟经营情况编制现金流量表 | 依据企业会计准则编制和填写现金流量表 | 现金流量表 |
| 任务说明：可以参考上市公司的财务报表编制现金流量表 | | | |

**（二）做**

**1.营造氛围**

模拟实践教学要具有一定的学习氛围才会收到好的学习效果，所以教师在每次布置任务之前要做好思想动员和心理暗示，营造良好的学习氛围，让学生进入任务状态，感觉就是在做一项真实的工作。

**2.情境创设**

在模拟实践教学中，教师要为学生创设尽量接近现实的情境。情境的创设包括三方面的内容：一是事件假设；二是角色设定；三是场景创设。

**情境创设表**

| 事件假设 | 角色设定 | 场景创设 |
|---|---|---|
| 假设学生毕业后，顺利创办了公司，目前完成了各项准备工作，招聘了员工，完善了组织架构。现在股东要求看一看资金情况，同时也是为了了解现金使用情况，因此公司财务需要尽快编制近期的现金流量表 | 小组是公司的财务部门，学生是公司的财务人员 | 学生面前一堆财务票据和资料，会计在做账 |

**3.做示范**

教师亲自编制一个现金流量表或给学生展示一个某企业做得比较好的现金流量表供学生参考。

**（三）导**

在学生完成任务的过程中，教师和实践教学辅导老师要辅助、指导学生完成任务。

**（四）评**

教师最后要对学生完成任务的过程和成果进行总结与点评，指出学生做得好的地方和存在的不足，并对不足之处提出改进意见。

本次任务教师点评的要点如下：

①现金使用是否合理，是否有利于创业。

②现金周转和利用情况，现金利用是否合理。

## 三、学生的学习过程

学生按照"学、做、讲、论"四字学习法进行学习，学生接受任务之后，要迅速进入角色，积极投入任务中，完成任务时按照完整行动思维模式的资讯、计划、决策、实施、检查、评价六步骤进行，其中资讯（收集相关资讯）是在学的过程中完成的，就是自学和听讲时完成资讯的收集，计划、决策、实施是在做的过程中完成的，检查和评价是在学生讲、论和教师点评的过程中完成的。

（一）学

学生要收集相关信息和模拟公司资金使用情况，学习编制现金流量表的相关知识。学生要学会利用各种工具和运用各种学习方法自学，开动脑筋创新学习方法。

（二）做

学生依据教师布置的任务按照工作过程完成任务。

编制现金流量表的具体步骤如下：

①编制。编制现金流量表。

②检查。检查现金流量表。

③评价。评价资金周转和现金使用情况。

（三）讲

在检查实施步骤和评价实施效果的基础上，各小组派代表把自己公司的资金周转和现金使用情况讲给全班同学听，并分析自己公司的现金使用情况。

（四）论

全班同学共同讨论各个小组的现金使用情况，给出合理的建议和意见。大家共同对每个小组的实施计划、实施步骤和实施效果进行评价，总结经验，相互借鉴，共同进步。

## 总结性工作任务一　制作资产负债表

### 一、任务说明

公司每年都要做财务报告，财务报表是财务报告的重要组成部分。财务报表包括资产负债表、利润表、现金流量表或财务状况变动表、附表和附注，不包括董事报告、管理分析及财务情况说明书等列入财务报告或年度报告的资料。

资产负债表是财务报表中最重要的一份报表，它反映了一个企业的经营状况。

（一）任务情境

资产负债表所提供的信息可使报表使用者了解企业偿还短期债务的能力和财务弹性，了解企业的资产结构和长期偿债能力，同样也有助于评价企业的盈利能力和发展前景。因此，每家公司都要认真地编制和填写资产负债表。

（二）任务目标

1.德育目标

培养学生养成良好的职业道德。

实现路径：要求学生在编制和填写资产负债表时实事求是，不造假、不虚报。

2.知识技能目标

能收集资产负债信息和相关单据，会编制和填写简单的资产负债表，能够看懂资产负债表。

实现路径：通过编制和填写简单的资产负债表，熟悉基本的财务报表的编制与填写。

3."三创"教育目标

培养学生的资产负债风险管理意识，提高学生创业资金风险控制能力。

实现路径：通过制作财务报表了解创业的财务风险，增强资金风险管控意识。

4.过程与方法目标

①激发学生的社会属性，提高学生的动手能力和理论联系实际的能力。

②激发学生的学习兴趣和热情，提高学生的学习能力，培养学生的组织能力、协作能力和团队精神。

实现路径：

①通过半游戏化的模拟实践活动激发学生的学习兴趣和热情。

②通过创设社会工作情境和氛围激发学生的社会属性。

③通过自主学习和运用理论知识为模拟公司做资产负债表，巩固所学的资产负债表知识，提高学生的学习能力和理论联系实际的能力。

④通过学生独立组织合作完成任务，培养学生的组织能力、协作能力和团队精神。

（三）任务内容

各小组依据模拟公司经营情况编制和填写资产负债表。

（四）任务要求与要点

1.任务要求

依据会计准则实事求是编制和填写资产负债表。

**2.任务要点**

要做到账账相符，账证相符，账表相符，账实相符，表表相符，证表相符。

**（五）考核指标**

**1.德育指标**

财务报表编制和填写过程中是否实事求是，不弄虚作假。

**2.知识技能指标**

资产负债表的编制和填写是否规范准确。

**3.“三创”教育指标**

资产和负债的管控能力如何，是否能够保证创办企业的持续发展。

**4.过程与方法指标**

①是否发挥了团队的作用，是否有明确的分工合作。

②是否把理论知识合理运用到了实际工作当中。

③工作过程是否规范，方法是否得当。

**5.量化指标**

报表反映的数据是否有利于创业的顺利开展，企业的资产结构是否合理，企业的盈利能力和发展前景如何。

**（六）任务评分标准**

此项任务评分重点关注以下两点：

①财务报表的格式是否正确。

②财务报表的数字是否准确。

**（七）相关表格**

**资产负债表**

| 日期<br>项目 | 2026-12-31 | 2025-12-31 | 2024-12-31 | 2023-12-31 | 2022-12-31 |
|---|---|---|---|---|---|
| 流动资产 | | | | | |
| 货币资金 | | | | | |
| 应收票据及应收账款 | | | | | |
| 其中：应收票据 | | | | | |
| 应收账款 | | | | | |

续 表

| 日期\项目 | 2026-12-31 | 2025-12-31 | 2024-12-31 | 2023-12-31 | 2022-12-31 |
|---|---|---|---|---|---|
| 应收款项融资 | | | | | |
| 预付款项 | | | | | |
| 其他应收款合计 | | | | | |
| 其中：其他应收款 | | | | | |
| 存货 | | | | | |
| 合同资产 | | | | | |
| 其他流动资产 | | | | | |
| 流动资产合计 | | | | | |
| 非流动资产 | | | | | |
| 可供出售金融资产 | | | | | |
| 长期股权投资 | | | | | |
| 其他权益工具投资 | | | | | |
| 投资性房地产 | | | | | |
| 固定资产 | | | | | |
| 在建工程 | | | | | |
| 固定资产清理 | | | | | |
| 无形资产 | | | | | |
| 开发支出 | | | | | |
| 长期待摊费用 | | | | | |
| 递延所得税资产 | | | | | |
| 其他非流动资产 | | | | | |
| 非流动资产合计 | | | | | |
| 资产总计 | | | | | |
| 流动负债 | | | | | |
| 短期借款 | | | | | |
| 应付票据及应付账款 | | | | | |
| 其中：应付票据 | | | | | |

续　表

| 日期项目 | 2026-12-31 | 2025-12-31 | 2024-12-31 | 2023-12-31 | 2022-12-31 |
|---|---|---|---|---|---|
| 应付账款 | | | | | |
| 预收款项 | | | | | |
| 合同负债 | | | | | |
| 应付职工薪酬 | | | | | |
| 应缴税费 | | | | | |
| 其他应付款合计 | | | | | |
| 其中：应付利息 | | | | | |
| 其他应付款 | | | | | |
| 一年内到期的非流动负债 | | | | | |
| 其他流动负债 | | | | | |
| 流动负债合计 | | | | | |
| 非流动负债 | | | | | |
| 长期借款 | | | | | |
| 长期应付款 | | | | | |
| 长期应付职工薪酬 | | | | | |
| 专项应付款 | | | | | |
| 递延收益 | | | | | |
| 递延所得税负债 | | | | | |
| 非流动负债合计 | | | | | |
| 负债合计 | | | | | |
| 所有者权益（或股东权益） | | | | | |
| 实收资本（或股本） | | | | | |
| 资本公积 | | | | | |
| 其他综合收益 | | | | | |
| 盈余公积 | | | | | |

续　表

| 项目＼日期 | 2026-12-31 | 2025-12-31 | 2024-12-31 | 2023-12-31 | 2022-12-31 |
|---|---|---|---|---|---|
| 一般风险准备 | | | | | |
| 未分配利润 | | | | | |
| 归属于母公司股东权益总计 | | | | | |
| 少数股东权益 | | | | | |
| 股东权益合计 | | | | | |
| 负债和股东权益总计 | | | | | |
| 审计意见（境内） | | | | | |

## 二、教师的教学过程

教师按照"讲、做、导、评"四字教学法进行教学，即先讲理论知识和工作技巧，之后做示范，然后辅导学生学习和完成任务，最后对学生学习和完成任务情况做点评。

在基于工作过程的德技创融合模拟实践教学中，教师应把任务向学生描述清楚，营造学习氛围和创设情境是任课教师的重点工作。

### （一）讲

1.讲相关的基础知识和成功案例

教师除了讲解编制和填写资产负债表的基础知识，还要至少讲一个与资产负债表编制和填写相关的成功案例。

2.描述任务

任务描述要清晰明了、引人入胜，要求教师讲清楚学生该做什么，怎么做，最后的成果是什么。

任务描述表

| 任务名称 | 做什么 | 怎么做 | 成果 |
|---|---|---|---|
| 编制资产负债表 | 依据公司模拟经营情况编制资产负债表 | 依据企业会计准则编制和填写资产负债表 | 资产负债表 |
| 任务说明：可以参考上市公司的财务报表编制资产负债表 | | | |

## （二）做

### 1.营造氛围

模拟实践教学要具有一定的学习氛围才会收到好的学习效果，所以教师每次布置任务之前要做好思想动员和心理暗示，营造良好的学习氛围，让学生进入任务状态，感觉就是在做一项真实的工作。

### 2.情境创设

在模拟实践教学中，教师要为学生创设尽量接近现实的情境。情境的创设包括三方面的内容：一是事件假设；二是角色设定；三是场景创设。

情境创设表

| 事件假设 | 角色设定 | 场景创设 |
|---|---|---|
| 所有公司都需要编制和定期填写资产负债表，现在学生的公司经营一年了，需要填报年度资产负债表 | 每个小组就是一个公司的财务部门，学生是公司的财务人员 | 学生面前一堆财务票据和资料，会计在做账 |

### 3.做示范

教师可以亲自填写一份资产负债表或给学生提供一份某个企业做得比较好的资产负债表做参考。

## （三）导

在学生完成任务的过程中，教师和实践教学辅导老师要辅助、指导学生完成任务。

## （四）评

教师要对学生完成任务的过程和成果进行总结与点评，指出学生做得好的地方和存在的不足，并对不足之处提出改进意见。

本次任务教师点评的要点如下：

资产负债表与现金流量表的区别与联系，资产负债的重要性。

# 三、学生的学习过程

学生按照"学、做、讲、论"四字学习法进行学习，学生接受任务之后，要迅速进入角色，积极投入任务中，完成任务时按照完整行动思维模式的资讯、计划、决策、实施、检查、评价六步骤进行，其中资讯（收集相关资讯）是在学的过程中完成的，就是自学和听讲时完成资讯的收集，计划、决策、实施是在做的过程中完成的，检查和评价是在学生讲、论和教师点评的过程中完成的。

**（一）学**

学生要收集相关信息和模拟公司资金使用情况，学习编制现金流量表的相关知识，学会利用各种工具和运用各种学习方法自学，开动脑筋创新学习方法。

**（二）做**

学生依据教师布置的任务按照实际工作过程完成任务。

制作资产负债表的具体步骤如下：

①收集。收集资产负债信息和相关单据。

②编制。编制资产负债表。

③检查。检查资产负债表。

④评价。评价公司的资产负债情况。

**（三）讲**

在检查实施步骤和评价实施效果的基础上，各小组派代表把自己公司的资产负债表和资产负债情况介绍给全班同学，并分析自己公司的资产负债情况。

**（四）论**

全班同学共同讨论各个小组的资产负债情况，并给出合理化建议和意见。大家共同对每个小组的实施计划、实施步骤和实施效果进行评价，总结经验，相互借鉴，共同进步。

## 总结性工作任务二　召开年会

企业年会是企业在年末举办的活动，在年会中一般会进行一年的工作回顾，总结一年的工作情况并为下一年的工作开展做铺垫。召开年会是基于工作过程的德技创融合模拟实践教学的总结性课程，大约需要4个课时完成。

## 一、任务说明

**（一）任务情境**

各个小组在完成一年（模拟）的实践后，召开一次年终总结会既是工作（模拟企业工作）总结会也是学习总结会。

**（二）任务目标**

通过年会分享心得总结经验，提高学生的自主学习能力和自我教育能力。

1.德育目标

培养学生的团队精神和分享意识。

实现路径：通过在年会上倡导学生毫无保留地分享经验，培养学生的分享意识和团队精神。

2.知识技能目标

培养学生的会议组织能力。

实现路径：通过组织召开年会，培养学生的会议组织能力。

3."三创"教育目标

培养学生的策划能力和创新能力。

实现路径：通过倡导学生创新年会形式与内容，培养学生的策划能力和创新能力。

4.过程与方法目标

①激发学生的社会属性，提高学生理论联系实际的能力。

②激发学生的学习兴趣和热情，培养学生的组织能力、协作能力和团队精神。

实现路径：

①通过半游戏化的模拟实践活动激发学生的学习兴趣和热情。

②通过创设社会工作情境和氛围激发学生的社会属性。

③通过组织年会活动，培养学生的组织能力、协作能力和团队精神。

**（三）任务内容**

每个模拟公司进行20~30分钟的交流总结，会上每个组员发言3~5分钟。小组总结时其他小组成员旁听，在不影响小组会议正常进行的情况下，其他小组成员也可以参与交流。

**（四）任务要求与要点**

1.任务要求

小组成员要积极发言，组长要做总结。

2.任务要点

总结经验，相互学习。

**（五）考核指标**

1.德育指标

是否愿意无私地把自己的经验分享给他人。

2.知识技能指标

会议是否组织得好，会议过程是否规范。

3."三创"教育指标

会议是否有创新、创造。

4.过程与方法指标

①是否发挥了团队的作用，是否有明确的分工合作。

②是否把理论知识合理运用到实际工作当中。

③工作过程是否规范，方法是否得当。

5.量化指标

①会议的组织情况，成员发言情况，组长的总结情况。

②学生发言次数多少，总结了多少条经验。

### （六）任务评分标准

评分小组依据考核指标，对年会组织的模拟情况打分，满分100分。对每个小组成员的发言打分，满分10分。

### （七）相关表格

**会议记录表**

| 会议名称 | | | |
|---|---|---|---|
| 时间 | | 地点 | |
| 主持人 | | 记录人 | |
| 参加者 | | | |
| 缺席人员及原因 | | | |
| 会议记录 | | | |
| | | | |

## 二、教师的教学过程

教师按照"讲、做、导、评"四字教学法进行教学，即先讲理论知识和工作技巧，之后做示范，然后辅导学生学习和完成任务，最后对学生学习和完成任务情况做点评。

在基于工作过程的德技创融合模拟实践教学中。教师应把任务向学生描述清楚，营造学习氛围和创设情境是任课教师的重点工作。

## （一）讲

### 1.讲相关的基础知识

教师除了讲解会议策划和组织的基础知识，还要讲解召开年会的意义。

### 2.描述任务

任务描述要清晰明了、引人入胜，要求教师讲清楚学生该做什么，怎么做，最后的成果是什么。

**任务描述表**

| 任务名称 | 做什么 | 怎么做 | 成果 |
|---|---|---|---|
| 召开年会 | 开会 | 做会议策划，组织召开年会 | 交流分享工作经验和学习心得 |
| 任务说明：实际是两个会议，一个是模拟公司的年会，一个是各小组学习总结会 | | | |

## （二）做

### 1.营造氛围

模拟实践教学要具有一定的学习氛围才会收到好的学习效果，所以教师在每次布置任务之前要做好思想动员和心理暗示，营造良好的学习氛围，让学生进入任务状态，感觉就是在做一项真实的工作。

### 2.情境创设

在模拟实践教学中，教师要为学生创设尽量接近现实的情境。情境的创设包括三方面的内容：一是事件假设；二是角色设定；三是场景创设。

**情境创设表**

| 事件假设 | 角色设定 | 场景创设 |
|---|---|---|
| 年终召开企业年会和学习总结会 | 既是员工又是学生 | 辛苦一年了，大家聚集一起开一个欢乐祥和的会议 |

### 3.做示范

教师做一份年会策划书或找一份已有的企业年会策划书供学生参考。

## （三）导

专业课教师和实践教学辅导老师指导和辅助学生开好年会。

## （四）评

教师最后要对每一组的年会召开情况进行总结与点评，指出学生做得好的地方和存在的不足，并对不足之处提出改进意见。

本次任务教师点评的要点如下：

①会议记录是否规范。

②总结是否到位。

## 三、学生的学习过程

学生按照"学、做、讲、论"四字学习法进行学习，学生接受任务之后，要迅速进入角色，积极投入任务中，完成任务时按照完整行动思维模式的资讯、计划、决策、实施、检查、评价六步骤进行，其中资讯（收集相关资讯）是在学的过程中完成的，就是自学和听讲时完成资讯的收集，计划、决策、实施是在做的过程中完成的，检查和评价是在学生讲、论和教师点评的过程中完成的。

### （一）学

学生要收集相关资讯，学习相关知识，学会利用各种工具和方法，开动脑筋创新学习方法。

### （二）做

学生依据教师布置的任务按照工作过程完成任务。

召开年会的具体步骤如下：

①计划。撰写年会策划书。

②筹备。做会前准备。

③实施。召开会议。

### （三）讲

在各个小组的年会上，学生要踊跃发言，讲自己的学习心得和"工作"心得。在检查实施步骤和评价实施效果的基础上，各个小组分享开年会的经验。

### （四）论

各小组内部要积极讨论；各个小组之间讨论年会开展情况。全班同学共同对每个小组召开年会的会议计划、会议过程和会议效果进行评价，总结经验，相互借鉴，共同进步。

# 第三章

# 考核评价

科学健全的考核评价体系是一个好的教学法的重要组成部分，没有考核评价体系的教学法是不完整的教学法。基于工作过程的德技创融合模拟实践教学的考核评价由两部分构成，一是考核体系（学分体系），二是评价体系。考核体系（学分体系）是量化考核，最终会给每位学生打一个分数作为其学习成绩；评价体系是定性评价，用来评价教学过程和效果的优劣，最终给出的结论是优秀、良好、合格、不合格等定性评价。

## 第一节　考核体系（学分体系）

目前，在学校通用的考核办法是通过考试的方式得出学习成绩考核学生的学习情况，考试成绩就是学生的学习成绩。基于工作过程的德技创融合模拟实践教学的考核办法是通过学分的方式考核，对学生平时完成任务情况进行考核产生学分，平时的学分累积到期末再换算成百分制分数来确定学生的学习成绩。基于工作过程的德技创融合模拟实践教学的考核以学生自评为主，学生的成绩评定主要由学生组成的评分委员会负责，评分委员会设组长一名、副组长一名，评分委员由教学助理和各小组选派的一名代表组成，组长和副组长可以由教学助理担任，也可以由委员们选举产生。

评委会的职责是在公正、公平、公开的基础上对每个小组的作业和任务完成情况进行评价和打分，同时也负有指导各小组工作的职能。

### 一、分组得分

#### （一）创办公司

在分组过程中，每位学生的学分基本是固定的，如公司的发起人15分，合伙人12分。创办公司未成功的发起人扣3分（计12分），合伙人扣2分（计10

分），创办公司未成功的发起人和合伙人应聘到其他公司做员工时不再重复加分。创办公司未成功指的是已经找到合伙人并撰写了创业计划书，但是创业计划书没有通过论证，创业团队解散后，发起人和合伙人要去其他公司应聘。

为了鼓励学生积极寻找合作伙伴，第一个找到合伙人的创业者和合伙人可以适当多加几分。例如，给班级第一个创业者加18分，给合伙人加13分。

在模拟公司注册环节，可以给扮演市场监督管理局工作人员的教学助理打分。由临时评分委员会负责给市场监督管理局工作人员打分，主要是看其对业务的熟悉程度和服务情况，建议满分20分。

### （二）员工入职

没有参与创办公司的学生可以通过应聘的方式加入其他学生创办的公司做员工，成功应聘入职的员工得10分。如果全班学生都参与了创办公司活动，则创办公司得分就是员工入职得分，应聘时不再给学分。

### （三）公司破产与合并

如果模拟公司破产，发起人扣10分，合伙人扣7分，员工扣5分。破产公司员工需要到其他公司应聘，应聘成功加8分。

在模拟公司合并时，吞并其他公司的公司获得30分，这30分是小组得分，由组长按照员工的贡献大小分配给员工。被吞并的公司不加分也不减分。

模拟公司破产，到市场监督管理局注销时，教学助理在注销后调整破产公司人员学分；公司合并，到市场监督管理局做变更时，教学助理为合并公司登记学分。

### （四）员工跳槽、被辞退、再就业

员工跳槽不扣分也不加分，员工被辞退是否扣分由其原所在公司决定，扣分不能超过7分。被原公司辞退的员工再次就业时加5分，在原公司完成任务的得分可以保留。

### （五）学分统计

教学助理负责分组得分的统计。在注册公司时，只要注册成功教学助理就把公司发起人与合伙人的得分登记到成绩册。员工应聘的情况由模拟公司报给教学助理，例如，某个模拟公司招聘了3名员工，要把3名员工的名字报给教学助理，教学助理按照评分办法登记学分。公司员工跳槽、被辞退和再就业也都报给教学助理，跳槽和辞退由原公司负责，再就业由再次就业的公司负责。

教学助理完成学分登记后要对小组和个人学分进行统计并填写学分表，内容包括小组总分、个人总分，个人的全班排名、组内排名、本次任务排名等。

学分表1

| 组名 | 小组总分 | 全班排名 | 本次任务得分 | 本次任务班级排名 | 优秀小组 |
|------|---------|---------|-------------|----------------|---------|
|      |         |         |             |                |         |

| 姓名 | 个人总分 | 全班排名 | 组内排名 | 本次任务得分 | 本次任务排名 | 学习标兵 |
|------|---------|---------|---------|-------------|-------------|---------|
|      |         |         |         |             |             |         |
|      |         |         |         |             |             |         |
|      |         |         |         |             |             |         |

注：个人成绩中的"本次任务排名"一栏可以填写个人学分在全班的排名也可以填写个人组内排名，建议填写本次任务的个人全班排名；最后一栏填写是或者否，即是否是优秀小组或学习标兵。小组总分指的是小组积分，即每次任务得分的累加值；个人总分指的是个人积分，即每次任务得分的累加值。

## 二、任务得分

模拟公司每完成一项任务都会通过评分委员会评出成绩，每项任务的分值可以依据难易程度和工作量大小决定。集体完成的任务成绩记为小组得分，小组得分再由组长分配给员工。例如，某项任务该小组得50分，这50分由公司总经理（组长）按照员工的贡献大小分配给员工（组员），原则上不提倡也不禁止平均分配，自主权在模拟公司。假设这个小组有5人，小组得分是50分，公司可以给贡献大的员工15~20分，给贡献小的员工5~10分，没贡献的也可以不给分，总之学分分配总数不能超出小组总得分。个别小组也可以平均分配得分。模拟公司把小组得分分配给组员后，要把分配情况报给教学助理，教学助理把各个公司报来数据登记到成绩册。

评分委员会要在公正、公平、公开的基础上规范打分，每位评委都要在评分表上写清楚任务得分和评语，最后要签名并写上时间。

评分表

| 任务名称 | |
|---------|---|
| 公司名称 | |
| 任务得分 | |
| 评语：<br><br><br><br><br>评委：<br>年　　月　　日 | |

小组的最后得分是几位评委给出分数的平均值，具体算法如下：

$$小组得分 = \frac{评委1给出的分数 + 评委2给出的分数 + \cdots + 评委n给出的分数}{n} \times (1 + \alpha)$$

$\alpha$是修正系数，由教师给出，$-5\% \leqslant \alpha \leqslant 5\%$。例如，某小组平均分是50分，经合计可以把最终得分确定在47.5~52.5之间，最后成绩需要所有成员认可并签字确认。

如果评委总数在7人以上（含7人），可以去掉1个最高分和1个最低分之后再求平均值；如果评委总数在7人以下（不包含7人），则不用去掉1个最高分和1个最低分，而是直接求平均值。

另外，评分委员会成员多数是由各小组推荐的，依据评委回避原则，在对作业（任务）进行打分时，评委不得对自己组的作业打分，打分过程实行回避制度也是一种社会教育。

因为每个小组的成员数不一样，如果每个任务的满分相同会造成一些不公平，例如甲公司只有5个人，而乙公司有8个人，两家公司同样得50分，分配到个人后，甲公司个人得分会多一些，而乙公司个人得分就会少一些。当每个小组的人数一样或者差距不大时可以忽略人数的差别，当人数相差较大时要采用机动灵活总分法或单人成绩法。

（1）机动灵活总分法

完成一项相同的任务，不同的公司满分不一样。假设5人公司满分50分，那么6人公司满分可以定在55~60分，7人公司满分可以定在65~70分，8人公司满分可以定在75~80分，9人公司满分可以定在85~90分，10人公司则满分可以定在95~100分。也可以按人数确定总分，即5人公司满分50分，6人公司满分60分，7人公司满分70分，以此类推，10人公司满分100分。教师要根据实际情况灵活机动处理具体给分。这种评分法有一个缺陷就是没有办法直接对小组学分排名次，即组与组之间的成绩失去了可比性，就是每一项任务的总分不一样，一项任务同样是满分，5人组是50分而10人组是100分。如果要比较小组排名成绩，只能按比例计算后再做比较，即把小组实际得分换算成小组排名成绩。换算公式如下：

$$小组排名成绩 = \frac{实际得分}{满分} \times 100$$

［例1］同一项任务5人组满分是50分，9人组满分是90分，现在5人组得45

分，9人组得72分，求小组用于排名的成绩。

解：5人组排名成绩 $= \dfrac{45}{50} \times 100 = 90$（分）

9人组排名成绩 $= \dfrac{72}{90} \times 100 = 80$（分）

经计算5人组实际得分45分，排名成绩90分；9人组实际得分72分，排名成绩80分。排名次时5人小组排在9人小组的前面。

个人成绩排名和得分不受总分和小组排名成绩影响，可以正常统计和排名次。这时的学分表也要略作调整。

学分表2

| 组名 | 实际得分 | 排名成绩 | 全班排名 | 本次任务排名成绩 | 本次任务排名 | 优秀小组 |
|---|---|---|---|---|---|---|
|  |  |  |  |  |  |  |
| 姓名 | 个人总分 | 全班排名 | 组内排名 | 本次任务得分 | 本次任务排名 | 学习标兵 |
|  |  |  |  |  |  |  |
|  |  |  |  |  |  |  |
|  |  |  |  |  |  |  |

注：小组成绩中的"本次任务排名"一栏填写小组本次任务排名成绩在全班的排名；个人成绩中的"本次任务排名"一栏可以填写个人学分全班的排名也可以填写个人组内排名，建议填写本次任务的个人全班排名；最后一栏填写是或者否，即是否是优秀小组或学习标兵。小组的实际得分指的是实际积分，排名成绩指的是排名成绩的积分。个人总分指的是个人积分，即每次任务得分累加值。

（2）单人成绩法

每次完成任务的小组得分是单人成绩的上限，小组依据成员贡献大小给组员打分，分值不超过小组得分。例如，不管模拟公司人数多少，完成一项任务满分都是给15分，假设某公司得分是13分，这家公司在给员工打分时，最优秀的员工最高可以给13分，贡献小的员工可以给0~12分。这一给分办法的弊端是小组组长有可能会给每个组员都打很高的分，有些小组可能会每个人都给成绩上限，即小组得分是13分，组长就给每个组员13分。为了避免个别小组给组员都打高分现象，教师可以对每个小组高分人数做限定。还以得13分的公司为例，如果限定高分人数，即公司分配学分时得13分的人数不能超过小组总人数的10%，得12分的不超过小组总人数的20%，得11分的不超过小组总人数的30%，得10

分以下的不做限制。

本方法要求教师根据实际情况灵活制定具体的给分规则。

## 三、业绩分

业绩分主要是指个人业绩得分和公司业绩得分。个人业绩是指在模拟销售环节个人的销售业绩；公司业绩是指在模拟谈判环节和期末公司经营业绩。

在模拟销售环节，公司业务员每向普通消费者销售成功一次得5分，业务员与其他模拟公司签订一份合同得10分。对小组成员的销售表现和处理投诉情况进行考核评分，满分是15分，成绩作为组员个人得分。

在模拟谈判环节，双方谈判流程规范并达成互利合作意向，签订合作协议的双方各得50分。如果一家公司分别和两家公司谈判成功并签约，这家公司累计得100分。模拟谈判的业绩分是模拟任务得分之外的加分，加分不影响谈判环节的任务分。在模拟谈判的任务中，小组只要参与谈判就有成绩，即使最后没成功签约也有小组得分。

学期期末，通过查看各个模拟公司财务报表，评分委员会根据盈利和亏损情况酌情给分，盈利的公司基础分为100分（下限），得分上限是150分，亏损的公司得分上限是100分。其中，尽管亏损但是前景看好的公司可以给100分，严重亏损或资不抵债的公司不给分。以上成绩作为各小组公司业绩得分。

业绩分可以加入学分表，公司业绩分加入小组总分，个人业绩分加入个人总分。

## 四、学分与分配

学生的学分来源主要有三个方面：一是分组时的个人得分；二是销售环节个人销售业绩得分；三是集体得分中分配给组员的分数。集体得分包括小组共同完成任务的得分、谈判环节的得分、公司业绩分等。小组的集体得分是由评分委员会依据各个小组完成任务情况、谈判情况和业绩按照评分办法进行打分。

小组得分的分配权下放给小组，小组依据工作量和贡献大小把公司的各项集体得分分配给公司员工。小组学分分配可以由组长决定，也可以由模拟公司董事会决定。各小组具体采用哪种方式决定学分分配，建议由董事会开会确定。

## 五、加分项

除了分组得分、任务得分、业绩分之外，在教学过程中，可以对一些表现好的小组、学生和评委适当加分。例如，开会时积极发言的加分；提出好的建议的（对教师教学或学生学习提出了新的方法和改进措施等）加分；认真点评的加分；学习中有创新的加分。加分作为一种奖励可以加给小组也可以加给组员个人，教师可以灵活运用，加分运用好了可以提高学生的学习积极性。

## 六、学分转换

现行的考核制度多采用百分制，大多数学校给学生登记成绩也是采用百分制。按照模拟实践教学的学分评定办法，每个学生一个学期都可能得几百分甚至上千分，因此要把学生在模拟实践课程中的成绩转换成百分制成绩。

学生实际得分=分组得分+任务得分+业绩分+其他得分

学生实际得分要换算成学习成绩，笔者给出的换算方法是以全班最高分为基准按比例换算成百分制成绩。成绩换算公式：

$$学生成绩 = \frac{学生实际得分}{班级最高分} \times 100 \times (1+\alpha)$$

$\alpha$ 是修正系数，$-10\% \leq \alpha \leq 10\%$，修正系数由教师给出。为了确保公平，保留 $\pm 10\%$ 的修正权利，教师依据学生完成任务时担任的角色和发挥的作用等课堂表现情况，对学生成绩加以修正。

［例2］假设在模拟实践教学中全班最高分是1000分，A同学获得1000分，B同学获得900分。教师依据学生完成任务时担任的角色和发挥的作用等课堂表现情况，给出A同学的成绩修正系数 $\alpha=-3\%$，给出B同学的成绩修正系数 $\alpha=2\%$，求A同学和B同学的学习成绩。

$$A学生成绩 = \frac{1000}{1000} \times 100 \times (1-3\%) = 97（分）$$

$$B学生成绩 = \frac{900}{1000} \times 100 \times (1+2\%) = 91.8（分）$$

注：对教学助理和评委的分值确定必须用到修正系数。评委适当加分，教学助理由教师依据全班得分情况确定，一般采用最高分作为参考，即用最高分乘以修正系数。

# 第二节　评价体系

　　基于工作过程的德技创融合模拟实践教学的评价体系包括两部分的内容：一是对学生学习情况的评价，即学业评价；二是对教师教学情况的评价，即教学效果评价。

## 一、学业评价

　　在基于工作过程的德技创融合模拟实践教学中，对学生学习情况的考核与评价过程既是对学生学习情况和知识掌握情况的考核评价，也是教师指导学生以及学生之间相互学习的过程。

　　对学生学习情况进行考核与评价既可以了解学生对知识的掌握情况，也可以检验教学法的优劣。在德技创融合模拟实践教学法的学业评价中突出两个并重：一是学生互评和教师点评并重；二是材料评价和过程评价并重。其中，学生互评是教学评议过程中不可或缺的环节，通过互评使学生加深对理论知识的理解和对技能知识的掌握。在传统教学中，教师对学生的评议较多而学生之间的评议较少，其实学生也有很多智慧是教师想不到的，最重要的是学生之间的评议更接地气，更符合学生的实际情况。

### （一）学生互评

　　学生互评是指学生对其作品（小组或个人完成任务时的书面材料或成果）和展示过程的评价。对学生作品的评价主要是由学生组建的评分委员会依据书面材料或成果进行评价。对各个小组展示过程的评价是指在小组展示自己的作品时全班同学对展示情况的点评以及全班同学与展示同学之间的辩论情况。展示作品后，在学生自愿的基础上对小组展示进行自由点评和小组互评。

### （二）教师点评

　　教师点评实际也是教师指导的过程，学生各项能力的提高既需要锻炼也需要指导。教师在对学生作品和展示过程进行点评时可以适当表扬和鼓励，最重要的是指出不足之处。教师要对学生的每一次展示和每一份作品认真点评，点评得越详细越具体越好。

### （三）材料评价

　　材料评价是对学生上交的书面材料进行考核。材料评价的要点：一是要看行文是否规范，条理是否清晰；二是要看内容是否合理可行，有没有价值。

学生上交的材料可以作为教学素材使用，好的作品可以作为案例介绍给其他学生，而写得不对的地方同样可以作为借鉴，教育学生不要这样写。

### （四）过程评价

过程评价是对学生模拟过程和展示过程进行考核。材料评价侧重于书面表达能力的考核，过程评价侧重于学生口头表达能力和沟通能力的考核。学生模拟和展示得好不好以及学生的参与度是教学成功与否的重要指标。

### （五）成果评价

成果评价是对模拟公司的经营成果进行考核。盈利是创办公司的目标之一，模拟经营最终是否盈利是衡量模拟经营好坏的重要指标之一。成果评价主要看两个指标：一是盈利能力；二是模拟公司的发展前景。

### （六）评价方式

人们常用的评价方式有口头评价和书面评价两种。学生互评和教师点评属于口头评价，具有一定的直接性和随机性。教师对学生作品给予具体的批注和评语属于书面评价。书面评价的好处是可以记录下来，长期保存，也可以作为今后开展教学研究的原始资料和数据。

教师给模拟实训写书面评价与给普通作业写书面评价差不多，要指出优缺点，指出优点加以适当的表扬可以让学生增加信心，指出缺点可以使学生更加清晰地了解自己的作品情况，对学生今后的提高有一定的促进作用。学生对学生的评价也一样要写成书面评价，学生对学生的书面评价由评分委员会委员写，学生给出的书面评价不但可以起到评价作用，而且写书面评价的过程也是评委锻炼总结能力和书面表达能力的过程。

对学生学习情况的评价，可以使用下面的模拟实践教学学习情况评价表。

**模拟实践教学学习情况评价表**

| 评价内容<br>评价主体 | 材料 | 过程 | 业绩（成果） |
|---|---|---|---|
| 学生 | | | |
| 教师 | | | |

## 二、教学效果评价

基于工作过程的德技创融合模拟实践教学法的教学效果评价采用过程评价与效果评价相结合的多维度评价法，即两条主线多维度评价法。过程评价包括教学的组织和实施情况，效果评价包括学生学得怎么样、有没有学到知识以及有没有得到能力提升等。两条主线是指内部和外部两条主线；内部主线从学生感觉、学习效果和教师自评三个维度考核，外部主线从校内和校外两个维度考核，校内维度是指其他教师、教研组、领导的评价，校外维度是指家长、企业、校外专家的第三方评价。

### （一）内部主线

1.学生感觉

学生是教学的受益者也是最好的评价者，学生认为好的教师和教学方法通常就是好的，因此，学生自身对教学方法、教学的组织、教学过程的评价是至关重要的。学生对教学效果评价的关键是教师要想尽办法让学生说出真实的感受。教师要不耻下问，虚心向学生请教，学生提出好的建议，教师要虚心接受。

每次任务结束后，要由教学助理收集学生反馈意见和建议以及对教师和教学法的评价。学生对教师和教学法的评价可分为优、良、差三个等级。一旦出现差评，教师要立即反思并调整上课方法，直到学生认可并取消差评为止。

在一学期课程结束的时候，教师可以要求每位学生写一份对基于工作过程的德技创融合模拟实践教学法的评价和建议。内容包括教学法的优缺点、存在的问题和建议等。

2.学习效果

有一些教学方法虽然很好，但学生觉得太苦太累反馈不好。例如，不断地重复练习是一种很好的学习方法，往往会收到熟能生巧的效果。但是很多学生嫌累就说不好。因此，除了学生对课堂教学的感觉，也要看学习效果，即学生的成绩怎样、对知识的掌握情况如何以及能力是否得到了提升等。

在基于工作过程的德技创融合模拟实践教学中，学习成绩指的是学生的学分，是评价学习效果的重要参考。

3.教师自评

教师自评是教师自我反思的过程，每节课结束后教师要询问学生按照这种方法上课好不好，有没有什么建议。有条件的教师可以把自己的课堂教学情况录下来，下课后观看和点评自己的上课情况。在教学反思方面，笔者提出的课堂三问可供教师参考：一问"我讲清楚了没有？"二问"这样讲课可以吗？"三问"学生听懂了没有？"

### （二）外部主线

#### 1.其他教师评价

每位教师都有自己的教学思路和方法，在教学过程中可以邀请其他教师来听课、评课，多听听其他教师的建议和想法才会逐步完善基于工作过程的德技创融合模拟实践教学法。

#### 2.教研组评价

教研组是学校的基础教研组织，教研组最了解全校的教学情况。因此，教师需要邀请本专业教研组教师对基于工作过程的德技创融合模拟实践教学法进行评价，教研组教师可以将基于工作过程的德技创融合模拟实践教学法和其他教学法进行比较，给出客观全面的评价。

#### 3.领导评价

需要领导对基于工作过程的德技创融合模拟实践教学法的教学效果进行评价，主要原因是领导会从较高的层面来衡量教学法的优点和缺点，他们的评价对改进教学法有较大的帮助。另外，教学法的顺利推广也需要得到领导的支持。

#### 4.第三方评价

俗话说"当局者迷，旁观者清"，因此要邀请第三方对教学效果进行评价。第三方评价是学校教师和学生之外的人或专家对教学法的评价。第三方包括企业、家长和专家，其评价尤为重要，因为坚持"办好人民满意的教育"是职业教育优质发展的宗旨，企业、家长和专家对教学效果是否满意在一定程度上体现了人民是否满意。

评价教学效果是为了教学法的持续改进和教师教学能力的持续提高，有了好的教学法和评价办法，还要有优秀的教师才能产生完美的教育。

# 第二部分

基于工作过程的德技创融合模拟实践教学法
在市场营销专业的应用

在2017年之前，北部湾职业技术学校的市场营销实训课程是在电脑上用模拟软件开展的。2017年，学校为了使实训尽量接近现实，开始在市场营销实务课程的课堂教学中采用模拟公司实践教学法教学，开展了第一轮模拟实践课堂教学，在分组方面做了创新，采用创办模拟公司的方式分组。为了方便教学，培养学生的自我管理与自学能力，教学中还选用学生做教学助理协助开展实训。在教学实践中摸索出了一套良好的课堂教学方法和考核办法，也出现了不少问题，这些问题可以作为今后课堂教学的借鉴。

2018年春季学期的市场营销实务课程课堂教学，在运用模拟公司实践教学法进行教学实践的基础上融入岗位实践的内容，采用基于岗位实践的模拟教学法开展了第二轮模拟实践课堂教学。第二轮模拟实践课堂教学的教学理念从第一轮的侧重知识传授为主转向知识和能力并重，第二轮模拟实践课堂教学更注重学生个人潜能的开发，更重视学生的创新能力和自主学习能力的培养，增加了胜任工作岗位的理念。

两轮教学实践结束后，笔者在进行整理归纳总结的过程中又融入了德育和"三创"教育的内容。经过两轮的课堂教学实践，在应用基于工作过程的德技创融合模拟实践教学法开展市场营销专业课堂教学的过程中，笔者开发了市场营销模拟实践课程。

虽然理论源于实践并指导实践，但理论与实践总是有一点距离的，在应用现有理论开展工作时总会遇到各种各样意想不到的问题，为了让大家更好地应用基于工作过程的德技创融合模拟实践教学法开展教学工作，现将市场营销模拟实践课程和应用模拟实践教学法的课堂教学实录与大家共同分享，希望对大家的教学工作有一定的帮助。

# 第四章

# 市场营销模拟实践课程

## 第一节　课程大纲

【一般项目】

课程名称：市场营销模拟实践

适用年级：中职市场营销专业二年级

总课时：76学时

课程类型：理论＋实践

开发者：刘幸福

【具体方案】

## 一、背景分析

### （一）社会需求

社会经济繁荣，在大众创新、万众创业的时代，全民经商的格局使人们对市场营销知识和技能的需求空前高涨。社会急需有专业知识、实践经验以及具有创造、创新与创业能力、品德高尚的高素质技能型人才。

### （二）职业院校育人目标

培养思想积极进步、德技双馨的社会主义建设者和接班人；培养品德高尚、技艺精湛的技能型人才。

### （三）学生发展需求

职业院校市场营销专业学生在学习理论知识的同时，渴望有更多实际动手和体验的机会，比起课堂教学学生更愿意走出校门到社会上学习营销技能。

### （四）学校资源条件

硬件条件方面：多数职业院校营销专业实训设施设备不健全，校外实训基地较少，不能充分满足学生实习实践的需求。

师资条件方面：多数职业院校缺少理论知识扎实、实践经验丰富的市场营销专业"双师型"教师。

## 二、课程目标

市场营销模拟实践课程旨在通过模拟实践培养具有良好社会主义道德修养，适应国家经济建设需要，具有创造、创新、创业精神和能力，掌握市场营销基本理论和技能，具有从事市场营销工作的基本知识与能力，掌握市场调查、市场推广、营销策划、营销管理等专业技能，能够在企事业单位和政府部门从事市场营销、企业管理等工作，具有国际视野和良好发展潜质的应用型人才。具体课程目标如下：

①学生通过自主学习复习学过的市场营销理论知识，通过模拟现实的经营活动掌握营销技能。

②学生通过合作学习培养团队合作精神，通过探究式学习锻炼自学能力。

③学生通过学科渗透的思政元素，提高思想政治素质。

④学生通过模拟自主创业，锻炼自己的创造、创新、创业能力。

⑤学生通过对德技创融合知识的学习和模拟实践，达到"德技并举"的目标。

## 三、课程内容

本课程将营销知识结合岗位工作实际分成若干个任务，每项任务由任务情境、任务目标、任务内容、考核指标和任务评分标准等组成。本课程在任务中恰当地融入了德育和创造、创新、创业的内容，并把包含思想政治素养在内的德育目标纳入考核范围。

课程具体工作任务如下：

典型工作任务一　寻找合伙人

典型工作任务二　撰写创业计划书

典型工作任务三　选址与注册公司

典型工作任务四　招聘与面试

典型工作任务五　构建组织架构

典型工作任务六　建设企业文化

典型工作任务七　编制现金流量表

典型工作任务八　路演

典型工作任务九　开业庆典

典型工作任务十　员工培训

典型工作任务十一　寻找优质供应商

典型工作任务十二　开展市场调研

典型工作任务十三　分析营销环境

典型工作任务十四　开发新产品

典型工作任务十五　制定产品策略

典型工作任务十六　细分市场与确定目标市场

典型工作任务十七　撰写企划书

典型工作任务十八　制定企业运营方案

典型工作任务十九　制定品牌与商标策略

典型工作任务二十　制定包装与流通加工策略

典型工作任务二十一　制定产品定价策略

典型工作任务二十二　做广告策划

典型工作任务二十三　促销演练

典型工作任务二十四　公关活动策划

典型工作任务二十五　制定渠道策略

典型工作任务二十六　营销策划

典型工作任务二十七　进行商务谈判

典型工作任务二十八　推销产品或服务

典型工作任务二十九　网络销售

典型工作任务三十　直播带货

典型工作任务三十一　招标投标

总结性工作任务一　制作资产负债表

总结性工作任务二　召开年会

## 四、课程实施

本课程在教法上采用基于工作过程的德技创融合模拟实践教学法，在学习方法上选用体验式学习法和情境学习法，在学习方式上以学生自主学习、探究学习和合作学习为主。

教师的教学流程依据"教、做、导、评"四字教学法的教学步骤进行，学生学习的流程依据"学、做、讲、论"四字学习法的学习步骤进行。

## 五、课程评价

本课程的教学考核评价包含两个方面的内容：一是学业水平的考核评价；二是教学效果的考核评价。前者是考核学生，后者是考核教师。

学业水平的考核评价包括学生学习成绩的考核评价和学生综合能力的考核评价。基于工作过程的德技创融合模拟实践教学中的学业考核评价不容易量化，但是不量化就无法清晰衡量，因此，要把学习情况和能力水平用学分体现出来，为了与现行教学考核方式接轨还要把学分转化为百分制成绩。

教学效果的考核评价既是对教师教学水平和效果的考核，也是对教学法的考量。所以教学效果的考核从两个维度进行，一是教师教学水平考核，二是教学法的评价。教学效果的考核评价以学生评价为主，学业成绩为辅助。教学效果以学生的体会为准，他们感觉好的一般就比较好。教学效果还体现在学生的学习成绩上，所以学生的成绩可以作为教学效果考核的参考。

## 六、课程说明

本课程是以"德技并举，理实交融"教育理念为指导，为了解决市场营销专业实践教学难题和培养德技双馨、动手能力强、全面发展的营销人才而开发的综合实践课程。

在内容上德技创融合，即把德育（含思政教育）、营销专业技能和"三创"教育的内容融入一门课程之中。课程内容由与市场营销工作密切相关的33个任务组成，在任务中融入了德育和"三创"教育的内容。

本课程是在模拟现实的游戏中学习知识和锻炼自己，学生在游戏中学习，在学习中游戏，在欢声笑语中完成学业。

## 第二节　教学过程

典型工作任务一　寻找合伙人（见第28—第34页）
典型工作任务二　撰写创业计划书（见第34—第41页）
典型工作任务三　选址与注册公司（见第41—第49页）

# 典型工作任务八　路演

路演（包含但不限于证券领域）是指在公共场所进行演说、演示产品、推介理念，即向他人推广自己的公司、团体、产品、想法的一种方式。

模拟公司创办完成后要向全班学生推广公司，每组都要派人走上讲台进行演说。宣传内容包括企业文化和经营产品等，如为什么公司叫这个名字，企业经营什么等，也可以简单介绍企业文化建设情况（理念、口号等）。

各小组路演结束后，全体成员走上讲台，先由同学们提问，然后由教师点评，再就是小组之间互相评价，最后由评分委员会打分。

## 一、任务说明

### （一）任务情境

学生所在的公司刚刚成立，为了得到社会各界的支持，公司决定开展路演活动宣传公司。学生要积极筹划做好准备，争取路演取得成功，得到广大群众和投资公司的认可，为今后公司上市做准备。

### （二）任务目标

本任务的主要目标是通过模拟路演活动锻炼学生的语言表达能力，通过大家对路演的反馈论证公司创意与运营的可行性。

1.德育目标

培养学生诚实守信精神和博大胸怀。

实现路径：

①通过引导学生实事求是地路演培养诚实守信精神。

②通过路演内容中的利他元素培养学生胸怀天下的情怀。

2.知识技能目标

掌握路演和策划的基本知识，学会策划路演和开展路演活动。

实现路径：通过课前预习、咨询、收集资料和教师讲解了解路演的相关知识，通过实际策划和开展模拟路演活动掌握技能。

3.“三创”教育目标

培养学生的创造、创新和创业意识、能力及精神。

实现路径：通过策划和模拟路演活动培养学生的创造、创新和创业意识、能力及精神。

4.过程与方法目标

培养学生的团队合作能力、自学能力、组织能力。

实现路径：通过小组独立完成整个路演的策划、前期准备和实施，培养学生的团队合作能力、自学能力、组织能力。

（三）任务内容

以小组（公司）为单位，组织策划和实施路演活动，制作路演PPT，进行公开宣讲，并回答宣讲过程中同学们提出的问题。

（四）任务要求与要点

1.任务要求

各个小组认真准备，要求全员参与。

2.任务要点

①展示公司的优点和前景，吸引他人关注。

②演讲要精彩，可以说服他人。

③答辩要合理，不要强词夺理。

④准备充分，路演环节完整。

（五）考核指标

1.德育指标

①在宣讲时是否体现了诚实守信原则。

②企业目标中是否有利他和服务社会因素。

2.知识技能指标

①对路演知识的掌握程度，是否掌握了路演的要领。

②路演策划组织得是否合理，是否掌握了路演相关技能。

3.“三创”教育指标

①路演活动是否有创新。

②公司发展潜力如何。

③公司创业计划是否可行。

④是否展现出创造性思维。

4.过程与方法指标

是否全员参与，是否体现了集体智慧。

5.量化指标

有多少人支持公司，有多少人反对公司。

### （六）任务评分标准

此项任务评分重点关注以下三点：

①路演PPT做得好不好。

②路演宣讲做得好不好。

③回答问题是否合理。

### （七）相关表格

**路演计划表**

| 时间 | |
|---|---|
| 地点 | |
| 人员 | |
| 活动 | |
| 物料 | |
| 暂支款项 | |

**路演明细表**

| 序号 | 服务项目 | 数量 | 单价 | 合计 | 备注 |
|---|---|---|---|---|---|
| | | | | | |
| | | | | | |
| | | | | | |
| | | | | | |
| | | | | | |
| | | | | | |
| | | | | | |

**路演时间安排表**

| 序号 | 时间 | 名称 | 节目 | 表演者 |
|---|---|---|---|---|
| | | | | |
| | | | | |
| | | | | |
| | | | | |
| | | | | |
| | | | | |
| | | | | |

**路演评分表**

| 企业名称 | | | | |
|---|---|---|---|---|
| 序号 | 评分项目 | 评分要点 | 项目分值 | 项目得分 |
| 1 | 项目的价值 | 项目是否对社会有利，是否切合国家政策导向，是否为社会提供了方便和优质服务 | 15 | |
| 2 | 产品概念新颖度 | 产品概念是否新颖，是否具备吸引力，是否解决现有市场痛点 | 10 | |
| 3 | 技术难度 | 现有技术是否支持产品批量生产，是否支持产品快速迭代 | 10 | |
| 4 | 宣传推广难度 | 产品是否有卖点，是否有故事，是否易于被目标客户接受 | 5 | |
| 5 | 市场潜力 | 项目定位是否清晰，是否找准了目标客户群体，覆盖人群广度如何，生存空间大小 | 10 | |
| 6 | 客户黏度 | 产品与理念是否具备客户黏度，是否拥有增加客户黏度的思路 | 10 | |
| 7 | 成本投入 | 前期投入高低，后续开发投入高低，运营投入高低 | 10 | |
| 8 | 盈利模式 | 当前是否有盈利模式，当前是否具备盈利能力，对盈利模式的思考是否成熟 | 10 | |
| 9 | 产品独有性 | 产品是否具备独有性，竞争对手复制模仿难易度 | 10 | |
| 10 | 团队成熟度 | 现有团队关键岗位是否齐备，关键人物是否具备相关能力与潜质 | 10 | |
| 其他评价 | | | | |
| 点评嘉宾签名： | | | 总分 | |

## 二、教师的教学过程

教师按照"讲、做、导、评"四字教学法进行教学，即先讲理论知识和工作技巧，之后做示范，然后辅导学生学习和完成任务，最后对学生学习和完成任务情况做点评。

在基于工作过程的德技创融合模拟实践教学中，教师应把任务向学生描述清楚，营造学习氛围和创设情境是任课教师的重点工作。

（一）讲

1.讲相关的基础知识和成功案例

教师除了讲解路演相关知识，还可以讲一个路演成功的案例，也可以给学生播放路演相关的视频。

## 2.描述任务

任务描述要清晰明了、引人入胜，要求教师讲清楚学生该做什么，怎么做，最后的成果是什么。

**任务描述表**

| 任务名称 | 做什么 | 怎么做 | 成果 |
|---|---|---|---|
| 路演 | 宣传企业或产品的路演 | 收集相关资讯，策划活动计划，开展路演 | 让更多的人了解企业和企业经营的产品 |
| 任务说明：可以是企业融资路演，也可以是销售产品的路演 | | | |

## （二）做

### 1.营造氛围

模拟实践教学要具有一定的学习氛围才会收到好的学习效果，所以教师在每次布置任务之前要做好思想动员和心理暗示，营造良好的学习氛围，让学生进入任务状态，感觉就是在做一项真实的工作。

### 2.情境创设

在模拟实践教学中，教师要为学生创设尽量接近现实的情境。情境的创设包括三方面的内容：一是事件假设；二是角色设定；三是场景创设。

**情境创设表**

| 事件假设 | 角色设定 | 场景创设 |
|---|---|---|
| 公司刚刚开始创业进行路演宣传企业，寻求投资方融资并拓展业务。<br>公司刚起步，现在要宣传企业和企业产品，促进公司产品销售 | 学生是公司负责路演的领导和员工，要筹划和开展路演活动 | 讲台就是舞台。学生是观众，教室是路演现场 |

### 3.做示范

教师收集一些路演案例，如策划书、计划、方案等供学生参考。有能力的教师可以自己做路演的示范宣讲。

## （三）导

教师和实践教学辅导老师要引导学生完成任务，指导学生策划路演活动，辅导他们做好路演。

## （四）评

教师最后要对学生完成任务的过程和成果进行总结与点评，指出学生做得好的地方和存在的不足，并对不足之处提出改进意见。

本次任务教师点评的要点如下：

①学生的活动策划是否合理、可行。

②各小组的宣讲是否有感染力。

③路演宣讲中是否有服务元素。

## 三、学生的学习过程

学生按照"学、做、讲、论"四字学习法进行学习，学生接受任务之后，要迅速进入角色，积极投入任务中，完成任务时按照完整行动思维模式的资讯、计划、决策、实施、检查、评价六步骤进行，其中资讯（收集相关资讯）是在学的过程中完成的，就是自学和听讲时完成资讯的收集，计划、决策、实施是在做的过程中完成的，检查和评价是在学生讲、论和教师点评的过程中完成的。

### （一）学

学生可以通过听教师讲解、自学和相互学习等各种方式学习路演相关知识；通过查阅资料、阅读教材、上网搜索等各种方式收集路演相关资讯，需注意的是，网上搜索获得的知识要进行真伪辨别。在学习的过程中，学生要学会利用各种工具和方法学习，开动脑筋创新学习方法。

### （二）做

学生依据教师布置的任务按照工作过程完成路演任务。

路演的具体步骤如下：

①计划。制订路演实施计划。

②决策。选择最优计划。

③实施。执行计划，进行路演。

### （三）讲

宣讲是路演中最重要的环节，各小组可以派一名代表上台宣讲，也可以派几名代表上台宣讲。

除宣讲外，各小组还要把自己小组的工作想法讲给全班学生听，例如，讲清楚为什么要进行路演；路演的目的是什么；检查实施步骤是否有漏洞；总结路演的实施过程；分享路演的策划经验。

小组宣讲的时候，其他学生可以提问，讲的学生需进行答辩。

### （四）论

全班学生集体讨论各个小组的路演实施过程，评价路演的实施效果。

注：任务完成之后，教师根据班级活动情况决定是否对各个小组和学生排名次。排名次的优点是可以激励学生认真完成作业，缺点是过于功利主义会助长学生争名逐利心理。教师可以通过排名次这件事开展思政教育，培养学生树立正确的人生观和价值观。

## 典型工作任务九　开业庆典

开业庆典是企业成立的主要商业性活动之一，小到便利店，大到酒店、商超，开业时都要举办开业庆典，它标志着一个经济实体的成立。从客观上来看，一个公司的开业庆典就是这个单位的经济实力与社会地位的充分展示。从来宾出席情况到庆典氛围的营造，以及庆典活动的整体效果，都从侧面反映了企业的活力和竞争力。

## 一、任务说明

### （一）任务情境

学生经过一番努力后，各自的公司终于要开业了，高高兴兴地筹备开业庆典活动。

### （二）任务目标

1.德育目标

让学生了解开业庆典的重要性，培养学生尊重他人的意识和遵守礼仪的美德，培养学生愿意与人分享快乐的精神。

实现路径：

①无论是筹备还是举行仪式，都应当遵循礼仪规范，通过营造出热烈的气氛和浓浓的仪式感，培养学生尊重他人的意识和遵守礼仪的美德。

②通过开业庆典培养学生与人分享快乐的精神。

2.知识技能目标

了解开业庆典的基本礼仪，掌握开业庆典的策划和组织技能，熟悉开业庆典的流程。

实现路径：通过策划开业庆典和模拟庆典活动，使学生了解开业庆典的基本礼仪，掌握开业庆典的策划和组织技能，熟悉开业庆典的流程。

3. "三创"教育目标

培养学生的创造、创新、创业意识和能力。

实现路径：通过撰写开业庆典策划书和模拟开业庆典活动，培养学生的创造、创新、创业意识和能力。

4. 过程与方法目标

①提高学生的自学能力、动手能力，加深对知识的理解，提高知识运用能力。

②让学生体会礼仪的重要性和与人分享快乐的情趣。

实现路径：

①通过策划和模拟开业庆典活动，提高学生的自学能力、动手能力，加深对知识的理解，提高知识运用能力。

②在模拟的过程中使学生体会到礼仪的重要性以及与人分享快乐的情趣。

**（三）任务内容**

任务内容具体如下：

①制定开业庆典活动方案。

②在班级演示开业庆典活动。

③撰写一份开业庆典演说稿并在班上宣讲。

**（四）任务要求与要点**

1. 任务要求

①要求全员参与，准备充分，表演到位。

②开业庆典中注意礼节和程序，需要简单布置现场，营造欢快氛围。

2. 任务要点

①认知开业庆典的意义，策划好开业庆典。

②认知礼仪的重要性，模拟开业庆典时要注重礼仪方面的内容。

**（五）考核指标**

1. 德育指标

①整个模拟过程是否尊重他人，礼仪是否周全。

②开业庆典是否体现了分享快乐的因素。

2. 知识技能指标

①是否掌握了开业庆典的相关知识，能否运用知识很好地开展活动。

②策划方案是否完整可行，模拟过程是否体现主题并实现了目标。

3."三创"教育指标

开业庆典策划创意是否新颖，模拟过程是否体现创新。

4.过程与方法指标

①在撰写策划书的过程中是否考虑了与他人分享快乐的因素。

②模拟过程是否提高了对礼仪的认知。

5.量化指标

①开业庆典策划方案是否合理可行。

②开业庆典模拟过程是否贴合实际。

## （六）任务评分标准

此项任务评分重点关注以下三点：

①开业庆典策划方案是否完整可行，是否有创新。

②模拟过程是否注重礼仪。

③开业庆典是否收到预期的效果。

## （七）相关表格

### 开业庆典活动筹备及分工表

| 序号 | 时间 | 具体分工 | 执行者 |
|---|---|---|---|
|  |  |  |  |
|  |  |  |  |
|  |  |  |  |
|  |  |  |  |
|  |  |  |  |
|  |  |  |  |
|  |  |  |  |

### 开业庆典仪式当天活动流程及分工表

| 序号 | 时间 | 具体活动安排 | 执行者 | 备注 |
|---|---|---|---|---|
|  |  |  |  |  |
|  |  |  |  |  |
|  |  |  |  |  |
|  |  |  |  |  |
|  |  |  |  |  |
|  |  |  |  |  |
|  |  |  |  |  |

## 二、教师的教学过程

教师按照"讲、做、导、评"四字教学法进行教学，即先讲理论知识和工作技巧，之后做示范，然后辅导学生学习和完成任务，最后对学生学习和完成任务情况做点评。

在基于工作过程的德技创融合模拟实践教学中，教师应把任务向学生描述清楚，营造学习氛围和创设情境是任课教师的重点工作。

### （一）讲

1.讲相关的基础知识和成功案例

教师除了讲解开业庆典的基础知识，还要至少讲一个开业庆典的成功案例，也可以给学生播放一个开业庆典的视频。

2.描述任务

任务描述要清晰明了、引人入胜，要求教师讲清楚学生该做什么，怎么做，最后的成果是什么。

**任务描述表**

| 任务名称 | 做什么 | 怎么做 | 成果 |
|---|---|---|---|
| 开业庆典 | 制定活动方案，模拟开业庆典活动 | 小组集体讨论和制定开业庆典活动方案，分工合作策划和模拟一次开业庆典活动 | 呈现给大家一个完美的开业庆典活动 |
| 任务说明：活动包括简单的会场布置，需要有书面的活动方案 | | | |

### （二）做

1.营造氛围

模拟实践教学要具有一定的学习氛围才会收到好的学习效果，所以教师在每次布置任务之前要做好思想动员和心理暗示，营造良好的学习氛围，让学生进入任务状态，感觉就是在做一项真实的工作。

2.情境创设

在模拟实践教学中，教师要为学生创设尽量接近现实的情境。情境的创设包括三方面的内容：一是事件假设；二是角色设定；三是场景创设。

**情境创设表**

| 事件假设 | 角色设定 | 场景创设 |
|---|---|---|
| 经过艰辛的准备，公司即将开业，公司全体员工怀着喜悦的心情筹备开业庆典 | 学生有的是公司员工，有的是嘉宾和观众 | 开业庆典活动现场 |

3.做示范

教师亲自做一份开业庆典的活动方案并把策划思路讲给学生听，或者找一个已有的优秀开业庆典活动方案供学生参考。

（三）导

在学生开始"工作"时，教师和实践教学辅导老师要认真引导、指导和辅导学生更好地完成任务。

（四）评

教师要对学生完成任务的过程和成果进行总结与点评，指出学生做得好的地方和存在的不足，并对不足之处提出改进意见。

本次任务教师点评的要点如下：

①活动策划方案是否有创新之处。

②开业庆典是否体现了分享快乐的因素。

③模拟的过程是否体现了礼仪的重要性。

## 三、学生的学习过程

学生按照"学、做、讲、论"四字学习法进行学习，学生接受任务之后，要迅速进入角色，积极投入任务中，完成任务时按照完整行动思维模式的资讯、计划、决策、实施、检查、评价六步骤进行，其中资讯（收集相关资讯）是在学的过程中完成的，就是自学和听讲时完成资讯的收集，计划、决策、实施是在做的过程中完成的，检查和评价是在学生讲、论和教师点评的过程中完成的。

（一）学

学生要学习开业庆典的相关知识和礼仪，收集相关资讯。例如，开业庆典举办前需要做哪些工作？开业庆典的流程有哪些？开业庆典拟邀请哪些嘉宾？开业庆典的演讲词要讲哪些内容？学生可以通过听教师讲解、自学和相互学习等各种方式学习相关知识；通过查阅资料、阅读教材、上网搜索等各种方式收集相关资讯，需注意的是，网上搜索获得的知识要进行真伪辨别。在学习的过程中，学生要学会利用各种工具和方法学习，开动脑筋创新学习方法。

（二）做

学生依据教师布置的任务按照工作过程完成任务。

开业庆典的具体步骤如下：

①计划。策划开业庆典活动方案。

②决策。选择最优方案制订实施计划。

③实施。执行计划，模拟开业庆典活动。

## （三）讲

做好开业庆典中的讲的环节，如高层致辞、主持人发言、嘉宾发言等。各小组最后要讲一下策划的思路，分析此次庆典活动是否成功。

## （四）论

全班学生集体讨论各个小组的开业庆典活动，检查活动实施步骤，评价各个小组开业庆典活动的效果。

# 典型工作任务十　员工培训

多数企业在新员工入职时要做培训，为了让学生巩固以往学习的知识，锻炼学生的语言表达能力、沟通能力，每个新公司以全班学生为培训对象进行一次培训，每个小组派一名代表上台做一次员工培训。培训内容根据公司情况结合小组代表的知识水平来决定，如进行业务培训、礼仪培训和职业素养培训等。

## 一、任务说明

### （一）任务情境

公司刚刚招聘了一批新员工，现在要对新员工进行培训。

### （二）任务目标

1.德育目标

培养学生大公无私的精神和助人为乐的情怀。

实现路径：通过公司模拟培训，培养学生大公无私的精神和助人为乐的情怀。

2.知识技能目标

①熟悉员工入职培训内容，锻炼学生就业适应能力。

②教学相长，提升学生个人能力和知识水平。

③熟悉企业业务，掌握各个模拟公司的基本业务。

实现路径：通过小组收集相关资料、制定培训方案、开展培训活动，达到增长知识与提升技能的目标。

3. "三创" 教育目标

培养学生的创新、创造、创业思维和能力。

实现路径：通过创新培训模式，开展模拟培训活动，培养学生的创新、创造、创业思维和能力。

4.过程与方法目标

培养学生的语言表达能力、组织能力和团队精神。

实现路径：通过模拟培训活动培养学生的语言表达能力、组织能力和团队精神。

**（三）任务内容**

任务内容具体如下：

①不同的公司依据业务情况收集培训内容、制定培训方案，学习相关的人力资源管理常识。

②依据制定的员工培训方案，在教室模拟员工培训。

**（四）任务要求与要点**

1.任务要求

负责培训的学生要充分备课、认真培训，其他同学要认真听讲、虚心接受培训。

2.任务要点

负责培训的学生要熟悉企业业务和相关知识。接受培训的学生要虚心学习，熟悉企业业务流程。

**（五）考核指标**

1.德育指标

①负责培训的学生是否认真备课，真诚分享自己的学习心得。

②接受培训的学生是否虚心学习，是否把讲台上的学生视为培训教师。

2.知识技能指标

①培训方案质量如何。

②培训内容是否全面具体。

③培训效果如何。

3. "三创" 教育指标

培训方案和培训过程是否有创新，是否体现了创业意识和创造能力。

4.过程与方法指标

在培训过程中，学生是否全身心投入，活动组织得是否顺畅，准备是否充分，是否体现了团队精神和合作意识。

5.量化指标

培训效果如何，多少学生掌握了培训的知识和技能。

## （六）任务评分标准

此项任务评分重点关注以下三点：

①培训方案做得是否完善。

②培训过程是否认真。

③培训是否收到预期效果。

## （七）相关表格

### 培训计划表

序号：　　　　　　　　　　　　　　　　　　　　　年　　月　　日

| 培训名称 | | 培训类别 | 理论□<br>操作□ | 培训<br>形式 | 脱产□<br>不脱产□ | 参加人数 | |
|---|---|---|---|---|---|---|---|
| 培训时间 | | | | | 培训地点 | | |
| 课时安排 | | 授课内容安排 | | 授课教师安排 | | 培训所需材料 | |
| | | | | | | | |
| 课时合计 | | 培训主管 | | | 人力资源部经理 | | |

### 培训效果评价表

部门：　　　　　　　　　　　编号：

| 培训方式 | | 培训对象 | |
|---|---|---|---|
| 培训时间 | | 培训教室 | |
| 课时 | | 考核方式 | |
| 培训简况： | | | |
| 学员考核成绩评估记录： | | | |
| 其他补充记录： | | | |
| 评价结论： | | | |
| 参评人员 | 部门 | | 职务/职称 |
| | | | |
| | | | |
| | | | |

## 二、教师的教学过程

教师按照"讲、做、导、评"四字教学法进行教学，即先讲理论知识和工作技巧，之后做示范，然后辅导学生学习和完成任务，最后对学生学习和完成任务情况做点评。

在基于工作过程的德技创融合模拟实践教学中，教师应把任务向学生描述清楚，营造学习氛围和创设情境是任课教师的重点工作。

### （一）讲

1.讲相关的基础知识和成功案例

教师除了讲解员工培训的基础知识，还要至少讲一个与培训相关的成功案例，也可以给学生播放一段企业培训的视频。

2.描述任务

任务描述要清晰明了、引人入胜，要求教师讲清楚学生该做什么，怎么做，最后的成果是什么。

**任务描述表**

| 任务名称 | 做什么 | 怎么做 | 成果 |
| --- | --- | --- | --- |
| 员工培训 | 做一份员工培训方案或计划，开展员工培训 | 集体研究制订培训计划，开展培训的学生对全班同学进行培训；接受培训的学生虚心学习，熟悉培训内容 | 教学相长，培训的和接受培训的学生都或多或少有一些收获 |
| 任务说明：培训内容结合小组模拟公司实际情况，全体学生都要参加各个小组的培训，不是只培训自己小组的成员 | | | |

### （二）做

1.营造氛围

模拟实践教学要具有一定的学习氛围才会收到好的学习效果，所以教师在每次布置任务之前要做思想动员和心理暗示，营造良好的"工作"氛围，让学生进入任务状态，感觉就是在做一项真实的工作。

2.情境创设

在模拟实践教学中，教师要为学生创设尽量接近现实的情境。情境的创设包括三方面的内容：一是事件假设；二是角色设定；三是场景创设。

情境创设表

| 事件假设 | 角色设定 | 场景创设 |
|---|---|---|
| 学生的公司招聘了一批新员工，计划对新入职员工开展入职培训，需要制订培训计划，并按照计划开展培训 | 一部分学生是培训者，其余学生是被培训者 | 在教室里布置企业员工培训的场景 |

3.做示范

教师可以为学生提供一个企业培训案例，也可以提供一份培训计划或培训方案供学生参考。

（三）导

在学生开始"工作"时，教师和实践教学辅导老师要认真引导、指导和辅导学生更好地完成任务。

（四）评

教师要对学生完成任务的过程和成果进行总结与点评，指出学生做得好的地方和存在的不足，并对不足之处提出改进意见。

本次任务教师点评的要点如下：

①学生培训时讲的内容是否正确，如有错漏须及时指出。

②接受培训的学生对知识的掌握多少。

## 三、学生的学习过程

学生按照"学、做、讲、论"四字学习法进行学习，学生接受任务之后，要迅速进入角色，积极投入任务中，完成任务时按照完整行动思维模式的资讯、计划、决策、实施、检查、评价六步骤进行，其中资讯（收集相关资讯）是在学的过程中完成的，就是自学和听讲时完成资讯的收集，计划、决策、实施是在做的过程中完成的，检查和评价是在学生讲、论和教师点评的过程中完成的。

（一）学

学生要学习企业员工培训相关知识（包括培训时讲授的内容），收集相关资讯（包括企业培训时都有哪些知识和内容方面的资讯）。学生可以通过听教师讲解、自学和相互学习等各种方式学习相关知识；通过查阅资料、阅读教材、上网搜索等各种方式收集相关资讯，需注意的是，网上搜索获得的知识要进行真伪辨别。在学习的过程中，学生要学会利用各种工具和方法，开动脑筋创新学习方法。

### （二）做

学生依据教师布置的任务，以小组为单位进入角色，按照完整培训流程完成任务。

员工培训的具体步骤如下：

①计划。制订员工培训计划。

②决策。选择最优员工培训计划。

③实施。执行计划对员工进行培训。

### （三）讲

培训过程中，除了学生扮演教师角色给"员工"做培训，各小组也要派人讲一下培训的基本思路和心得。

### （四）论

师生共同讨论各个小组的培训计划和流程以及各个培训讲师讲课的过程是否符合规范，检查各个小组实施培训计划的步骤是否完整合理，评价各个小组的培训效果。

## 典型工作任务十一 寻找优质供应商

商业经营性质的创业是比较常见的创业类型，尤其是直播带货和网店销售，多数是从事买卖活动，因此，进货渠道和所经营产品的来源是经商创业的重要环节。

这项任务要求每个小组写一份寻找优质供应商的策略，即寻找优质供应商并制定如何与供应商建立友好关系的策略。

## 一、任务说明

### （一）任务情境

学生所在的公司刚刚成立不久，现在面临寻找优质供应商的问题。为了找到优质供应商并与之保持长期友好合作，公司计划制定一个寻找优质供应商的策略。

### （二）任务目标

1.德育目标

培养学生诚信互利、合作共赢的理念。

实现路径：通过寻找供应商和制定寻找供应商策略，引导学生考量各方利益来培养合作共赢、诚信互利的理念。

2.知识技能目标

让学生认识到供应商的重要性，掌握寻找供应商的基本常识，学会如何处理好与供应商的关系。

实现路径：通过自学、资讯收集等方式了解寻找供应商的路径和技巧，通过模拟与供应商洽谈等方式培养学生的人际交往能力。

3."三创"教育目标

培养学生的创新、创造和创业意识和能力。

实现路径：

①通过模拟寻找供应商培养学生寻找商机创业的能力。

②通过创新供应商合作策略培养学生的创新能力。

③通过模拟与供应商协商洽谈培养学生的创造能力。

4.过程与方法目标

培养学生的语言表达能力和沟通交流能力，培养合作意识和团队精神。

实现路径：通过集体制定寻找供应商的策略和模拟协商洽谈等活动，培养学生的语言表达能力和沟通交流能力，以及合作意识和团队精神。

（三）任务内容

任务内容具体如下：

①结合公司经营情况寻找供应商和供货渠道，制订合理的采购计划。认识到供应商的重要性，思考如何维护好与供应商的关系。

②制定采购方案和维护供应商关系的策略。

（四）任务要求与要点

1.任务要求

充分调研，全员参与。

2.任务要点

寻找优质供应商和维护好与供应商关系的关键是合理分配利润，懂得利益平衡是维护和谐关系的核心。

（五）考核指标

1.德育指标

①寻找供应商时是否考虑了合作共赢，是否合理分配了利润。

②洽谈协商时有没有换位思考，是否考虑了对方的利益。

2.知识技能指标

采购计划和维护供应商关系的策略是否合理可行，是否合理应用了所学知识。

3."三创"教育指标

①制订的采购计划和维护供应商关系策略是否有创新。

②洽谈协商时是否展现了创业者的胸怀。

4.过程与方法指标

①寻找供应商的过程中是否体现了团队精神。

②协商洽谈时是否注重礼仪，是否尊重对方。

5.量化指标

①是否找到了合适的供应商，是否签订了合作协议。

②制定的供应商策略和采购计划是否合理可行。

## （六）任务评分标准

此项任务评分重点关注以下三点：

①采购计划书、寻找供应商策略写得是否规范。

②是否找到了优质供应商。

③是否和供应商确定了长期合作关系。

## （七）相关表格

### 供应商资料一览表

| 编号 | 供应商全称 | 法人代表及电话 | 业务联系人及电话 | 合作品类 | 合作品牌 | 合作方式 | 合作条件 |
|---|---|---|---|---|---|---|---|
| | | | | | | | |
| | | | | | | | |
| | | | | | | | |
| | | | | | | | |
| | | | | | | | |
| | | | | | | | |

## 供应商基本资料表

| | | | | |
|---|---|---|---|---|
| 公司名称 | | | | |
| 公司地址 | | 网址 | | |
| 主要负责人 | | 电子邮箱 | | |
| 业务联系人 | | 联系电话 | | |
| 公司概况 | 注册资本 | | 占地面积 | |
| | 成立日期 | | 营业额 | |
| | 银行信用状况 | | 设备状况 | |
| | 人力资源状况 | | | |
| 主要产品及服务 | | | | |
| 主要生产设备 | | | | |
| 主要生产工艺 | | | | |
| 主要试验设备 | | | | |
| 主要检测设备 | | | | |
| 生产能力 | 月供货能力 | | | |
| | 正常交付周期 | | | |
| 主要客户简介 | 客户群 | | | |
| | 所提供的产品占生产的比例 | | | |
| 结算方式 | | | | |
| 其他事项 | | | | |

## 供应商评审表

| 供应商名称 | | | |
|---|---|---|---|
| 供应产品 | | | |
| 评审主体 | 评审内容 | 评审意见 | 评审结果 |
| 采购部稽核员 | 1.供应商资质是否合格<br>2.样品检验是否合格<br>3.质量体系保障能力是否满意<br>4.生产规模是否满意<br>5.材料（或产品）价格是否满意<br>6.交货期是否满意<br>7.服务是否满意 | | |

127

| | | | |
|---|---|---|---|
| 采购部经理 | 1.供应商资质是否合格<br>2.样品检验是否合格<br>3.质量体系保障能力是否满意<br>4.生产规模是否满意<br>5.材料（或产品）价格是否满意<br>6.交货期是否满意<br>7.服务是否满意 | | |
| 品管部 | 1.供应商资质是否合格<br>2.样品检验是否合格<br>3.质量体系保障能力是否满意<br>4.生产规模是否满意<br>5.材料（或产品）价格是否满意<br>6.交货期是否满意<br>7.服务是否满意 | | |
| 技术部 | 1.供应商资质是否合格<br>2.样品检验是否合格<br>3.质量体系保障能力是否满意<br>4.生产规模是否满意<br>5.材料（或产品）价格是否满意<br>6.交货期是否满意<br>7.服务是否满意 | | |
| 生产部 | 1.供应商资质是否合格<br>2.样品检验是否合格<br>3.质量体系保障能力是否满意<br>4.生产规模是否满意<br>5.材料（或产品）价格是否满意<br>6.交货期是否满意<br>7.服务是否满意 | | |
| 总经理 | 1.供应商资质是否合格<br>2.样品检验是否合格<br>3.质量体系保障能力是否满意<br>4.生产规模是否满意<br>5.材料（或产品）价格是否满意<br>6.交货期是否满意<br>7.服务是否满意 | | |
| 董事长 | 1.供应商资质是否合格<br>2.样品检验是否合格<br>3.质量体系保障能力是否满意<br>4.生产规模是否满意<br>5.材料（或产品）价格是否满意<br>6.交货期是否满意<br>7.服务是否满意 | | |
| 考核结论 | | | |

## 二、教师的教学过程

教师按照"讲、做、导、评"四字教学法进行教学，即先讲理论知识和工作技巧，之后做示范，然后辅导学生学习和完成任务，最后对学生学习和完成任务情况做点评。

在基于工作过程的德技创融合模拟实践教学中，教师应把任务向学生描述清楚，营造学习氛围和创设情境是任课教师的重点工作。

### （一）讲

1.讲相关的基础知识和成功案例

教师除了讲解寻找优质供应商的基础知识，还要至少讲一个合作成功的案例，也可以给学生播放商家与供应商合作成功的相关视频。

教师还要重点讲解供应商的重要性以及和供应商保持良好关系的必要性。

2.描述任务

任务描述要清晰明了、引人入胜，要求教师讲清楚学生该做什么，怎么做，最后的成果是什么。

**任务描述表**

| 任务名称 | 做什么 | 怎么做 | 成果 |
| --- | --- | --- | --- |
| 寻找优质供应商 | 制定寻找供应商策略，寻找优质供应商，与供应商签订合作协议 | 与供应商协商洽谈合作事宜，集体协商如何与供应商保持良好的合作关系 | 与优质供应商签约，并建立长期合作关系 |
| 任务说明：寻找供应商一要看产品质量和价格，二要看供应商的信用情况。与供应商保持良好合作关系的关键是合理分配利润 | | | |

### （二）做

1.营造氛围

模拟实践教学要具有一定的学习氛围才会收到好的学习效果，所以教师在每次布置任务之前要做好思想动员和心理暗示，营造良好的学习氛围，让学生进入任务状态，感觉就是在做一项真实的工作。

2.情境创设

在模拟实践教学中，教师要为学生创设尽量接近现实的情境。情境的创设包括三方面的内容：一是事件假设；二是角色设定；三是场景创设。

**情境创设表**

| 事件假设 | 角色设定 | 场景创设 |
|---|---|---|
| 公司刚刚成立，需要与优质可靠的供应商合作，现在公司上下通力合作寻找优质供应商 | 一部分学生扮演商家寻找供应商，另一部分学生扮演供应商 | 在教室内创设商业合作洽谈业务的场景 |

3.做示范

教师介绍寻找供应商的经验，做一份供应商合作策略或找一个优秀的案例供学生参考。

**（三）导**

在学生开始"工作"时，教师和实践教学辅导老师要认真引导、指导和辅导学生更好地完成任务。

**（四）评**

教师要对学生完成任务的过程和成果进行总结与点评，指出学生做得好的地方和存在的不足，并对不足之处提出改进意见。

本次任务教师点评的要点如下：

寻找供应商时学生是否考虑了供应商的利益，是否理解并运用了利益平衡原则。

## 三、学生的学习过程

学生按照"学、做、讲、论"四字学习法进行学习，学生接受任务之后，要迅速进入角色，积极投入任务中，完成任务时按照完整行动思维模式的资讯、计划、决策、实施、检查、评价六步骤进行，其中资讯（收集相关资讯）是在学的过程中完成的，就是自学和听讲时完成资讯的收集，计划、决策、实施是在做的过程中完成的，检查和评价是在学生讲、论和教师点评的过程中完成的。

**（一）学**

学生要学习寻找优质供应商的相关知识，收集相关资讯。学生可以通过听教师讲解、自学和相互学习等各种方式学习相关知识；通过查阅资料、阅读教材、上网搜索等各种方式收集相关资讯，需注意的是，网上搜索获得的知识要进行真伪辨别。在学习的过程中，学生要学会利用各种工具和方法，开动脑筋创新学习方法。

（二）做

学生根据教师布置的任务，按照完整行动思维模式的基本步骤完成任务。

寻找优质供应商的具体步骤如下：

①计划。制订寻找优质供应商的计划。

②决策。选择最优计划。

③实施。执行计划。

（三）讲

在检查实施步骤和评价实施效果的基础上，各个小组把自己寻找供应商策略讲给全班同学听，介绍自己的经验和创新之处。

（四）论

师生共同讨论各个小组寻找供应商策略的可行性，检查寻找优质供应商的实施步骤是否完整合理，评价寻找供应商策略的实施效果。

# 典型工作任务十二　开展市场调研

市场调研是获取、处理、分析和应用市场信息，进行市场营销策划和加强生产经营管理的重要手段。随着我国市场经济的发展，面对不确定性的市场，许多经济部门和工商企业越来越重视市场调研，以增强市场营销策划和管理决策的科学性，提高企业的市场适应能力和竞争能力。同时，市场调研作为一门市场研究的综合性应用科学日益受到教育部门的重视，许多高等学校的经济类、管理类、统计类等相关专业已将市场调研作为必修课程之一。

市场调研是在创办公司之前就要做的事情。在撰写创业计划书时的调查环节是以对项目的可行性调研为主的，侧重点是项目能不能"上马"。在成立公司后，更需要进行市场调研，这时的侧重点是对经营情况的调研和预测。市场调研的目的是制定经营方针和营销策略。

## 一、任务说明

### （一）任务情境

公司刚刚成立不久，需要大力开展各项业务，当务之急是要做一次深入细致的市场调研。公司要求市场部尽快制订调研计划，开展调研活动。

**（二）任务目标**

1.德育目标

培养学生实事求是、不弄虚作假、踏实肯干的美德，使学生树立成功没有捷径的理念。

实现路径：要求学生认真客观对待调研数据和结果，培养学生实事求是、不弄虚作假的美德。

2.知识技能目标

学生要学会收集信息，提高信息分析能力，学会撰写调研报告。

实现路径：鼓励学生通过自学和认真做课前准备的方式提高信息收集能力，通过开展市场调研、撰写调研报告培养学生的信息分析能力，提高其写作能力。

3."三创"教育目标

培养学生的创新、创造和创业思维和能力。

实现路径：通过市场调研了解市场信息提高创业能力，通过创新调研方法提高学生的创新能力。

4.过程与方法目标

培养学生的信息收集能力、自学能力，培养学生的合作精神。

实现路径：市场调研的过程就是提高信息收集能力的过程，通过市场调研和小组集体撰写调研报告培养学生的自学能力和合作精神。

**（三）任务内容**

明确调研目标，制订调研计划，设计调查问卷，开展市场调研，撰写调研报告。

**（四）任务要求与要点**

1.任务要求

①市场调研可以将文献解读和田野调查相结合，有条件的可以到校外调研。

②做市场调研实训时最好要有明确且具体的产品，避免调研内容模糊。

2.任务要点

最好可以到市场上实地调研，如不能实地调研，在网上收集资料时注意辨别信息的真伪，在做文献资料收集分析时尽量找一些权威的资料。

**（五）考核指标**

1.德育指标

调研时是否实事求是，是否踏实认真，是否对数据进行了核实分析。

2.知识技能指标

①调研计划是否合理可行。

②调研报告质量如何。

3."三创"教育指标

整个市场调研过程是否有创新之处，是否捕捉到了创业信息，是否有创造性思维。

4.过程与方法指标

是否发挥了集体的智慧，合作是否愉快。

5.量化指标

调研数据是否翔实，调研报告是否有理有据。

## （六）任务评分标准

此项任务评分重点关注以下四点：

①调研报告格式规范程度。

②调研分析是否到位。

③是否设计了调查问卷，设计的调查问卷是否规范。

④获得的资料数据是否准确、完整。

## （七）相关表格

### 市场调研计划表

| 调研项目名称 | | | |
|---|---|---|---|
| 调研区域 | | 调研时间 | |
| 主持人 | | 调研目标 | |
| 考虑因素 | | | |
| 方法设计 | | | |
| 调研内容 | 具体调研内容 | 时间安排 | 进度情况 |
| | | | |
| | | | |
| | | | |
| 人员安排 | | | |
| 预算 | | | |
| 备注 | | | |

**竞争对手调查表**

| 调查区域 | | | 调查时间 | |
|---|---|---|---|---|
| 企业基本情况 | 竞争对手名称 | | | |
| | 企业地址 | | | |
| | 营销方针及做法 | | | |
| | 主要销售方式 | | | |
| 销售人员情况 | 年龄段 | | 学历 | |
| | 工作时间 | | 主要客户 | |
| | 待遇水平 | | 销售特点 | |
| | 其他 | | | |
| 产品情况 | 产品种类 | | | |
| | 产品性能 | | 产品品质 | |
| | 市场占有率 | | 产品价格 | |
| 补充说明 | | | | |

## 二、教师的教学过程

教师按照"讲、做、导、评"四字教学法进行教学，即先讲理论知识和工作技巧，之后做示范，然后辅导学生学习和完成任务，最后对学生学习和完成任务情况做点评。

在基于工作过程的德技创融合模拟实践教学中，教师应把任务向学生描述清楚，营造学习氛围和创设情境是任课教师的重点工作。

### （一）讲

1.讲相关的基础知识和成功案例

教师除了讲解市场调研的基础知识，还要至少讲一个市场调研成功的案例，也可以给学生讲一个因市场调研成功实现创业成功的故事。

2.描述任务

任务描述要清晰明了、引人入胜，要求教师讲清楚学生该做什么，怎么做，最后的成果是什么。

**任务描述表**

| 任务名称 | 做什么 | 怎么做 | 成果 |
|---|---|---|---|
| 市场调研 | 制订市场调研计划，开展市场调研活动 | 收集资讯和相关知识，制订计划，实施计划，开展调研，检查过程，评价效果 | 形成高质量调研报告 |
| 任务说明：调研的数据要翔实，分析要透彻，能够给出结论 | | | |

## （二）做

### 1.营造氛围

模拟实践教学要具有一定的学习氛围才会收到好的学习效果，所以教师在每次布置任务之前要做好思想动员和心理暗示，营造良好的学习氛围，让学生进入任务状态，感觉就是在做一项真实的工作。

### 2.情境创设

在模拟实践教学中，教师要为学生创设尽量接近现实的情境。情境的创设包括三方面的内容：一是事件假设；二是角色设定；三是场景创设。

**情境创设表**

| 事件假设 | 角色设定 | 场景创设 |
|---|---|---|
| 公司为了更好地开拓市场制定营销策略，现开展市场调研活动 | 学生现在是市场部的调研员 | 创设开展市场调研的场景 |

### 3.做示范

教师给学生介绍开展市场调研的经验，做一份市场调研报告或给学生找一份优秀的市场调研报告供其参考。

## （三）导

在学生开始"工作"时，教师和实践教学辅导老师要认真引导、指导和辅导学生更好地完成任务。

## （四）评

教师要对学生完成任务的过程和成果进行总结与点评，指出学生做得好的地方和存在的不足，并对不足之处提出改进意见。

本次任务教师点评的要点如下：

①调研的方法是否正确。

②调研时数据分析是否科学。

③得出的结论是否正确。

## 三、学生的学习过程

学生按照"学、做、讲、论"四字学习法进行学习，学生接受任务之后，要迅速进入角色，积极投入任务中，完成任务时按照完整行动思维模式的资讯、计划、决策、实施、检查、评价六步骤进行，其中资讯（收集相关资讯）是在学的过程中完成的，就是自学和听讲时完成资讯的收集，计划、决策、实施是在做的过程中完成的，检查和评价是在学生讲、论和教师点评的过程中完成的。

### （一）学

学生要学习市场调研相关知识，收集相关资讯。学生可以通过听教师讲解、自学和相互学习等各种方式学习相关知识；通过查阅资料、阅读教材、上网搜索等各种方式收集相关资讯，需注意的是，网上搜索获得的知识要进行真伪辨别。在学习的过程中，学生要学会利用各种工具和方法，开动脑筋创新学习方法。

市场调研本身就是收集信息、分析信息、得出结论、形成报告的过程，因此本次任务收集资讯的内容更多一些。

### （二）做

学生依据教师布置的任务按照市场调研的基本步骤完成任务。

开展市场调研的具体步骤如下：

①计划。制订市场调研实施计划。

②决策。选择最优计划。

③实施。执行计划开展市场调研。

### （三）讲

在检查实施步骤和评价实施效果的基础上，各小组派代表讲解自己小组是如何制订计划以及如何开展市场调研的。

### （四）论

师生共同讨论每个小组的市场调研活动，市场调研的实施步骤是否完整，评价市场调研实施效果。

## 典型工作任务十三　分析营销环境

企业内部环境与外部环境共同构成一个大系统，企业内部环境与外部环境是这一系统中的两个子系统，两者必须相互配合，才能产生系统效应。但从企业角度来看，外部环境这一子系统是企业不能控制的客观条件，时刻处于变化之中。因此，企业必须经常对自身系统进行调整，才能适应外部环境的变化，这正像生态学中生物体与外界环境的关系一样，也遵循"适者生存，优胜劣汰"的原则。外部环境变化对任何一个企业产生的影响，都可以从三个方面进行分析。一是对企业市场营销有利的因素，它对企业市场营销来说是环境机会；二是对企业市场营销不利的因素，它是对企业市场营销的环境威胁；三是对企业市场营销无影响的因素，企业可以把它视为是中性因素。企业必须对机会和威胁采取有效的应对措施，才能在环境变化中生存下来。

# 一、任务说明

## （一）任务情境

为了更好地开展市场营销活动，公司决定对其内外部环境进行调研与分析。

## （二）任务目标

### 1.德育目标

培养学生的社会营销观念和绿色营销观念，在发展企业的同时要考虑社会利益。保护环境就是保护自己，人和企业是社会环境的一部分，整个大环境是一个有机的整体，环境遭到破坏对企业和个人都会产生影响。

实现路径：通过对企业内外部环境进行分析，了解环境对企业的影响，进而理解环境与企业的不可分割性，培养学生保护环境的意识。

### 2.知识技能目标

学习环境分析知识，培养学生运用所学知识分析市场环境的能力。

实现路径：通过自学和听教师讲解学习环境分析的理论知识，以及通过分析模拟公司的内外部环境，培养学生运用所学知识分析市场环境的能力。

### 3."三创"教育目标

培养学生的创新、创造、创业思维和能力。

实现路径：通过环境分析了解创业环境，培养学生的创新、创造思维和能力。

### 4.过程与方法目标

通过对企业环境调研和分析，提高学生信息收集能力、分析判断能力和决策能力。

实现路径：通过收集资讯对模拟公司内外部环境进行分析，提高学生的信息收集能力、分析判断能力以及决策能力。

**（三）任务内容**

在充分调研的基础上，用SWOT分析法或五力模型分析市场环境，并撰写分析报告。

**（四）任务要求与要点**

1.任务要求

全员参与，认真调研和分析模拟公司的内外部环境并撰写分析报告。

2.任务要点

重点分析内外部环境的机会和威胁，在分析的基础上确定公司的营销策略的大方向。

**（五）考核指标**

1.德育指标

分析企业内外部环境时是否考虑了社会整体利益，是否考虑了员工因素。

2.知识技能指标

编制的SWOT分析报告和构建的五力模型质量。

3."三创"教育指标

①进行环境分析时是否有创新，是否考虑了创业问题。

②分析报告是否有创造性。

4.过程与方法指标

环境分析过程是否科学合理，步骤是否完整。

5.量化指标

①进行环境分析时分析的因素是否全面，是否包含了尽可能多的内外部环境因素。

②分析报告是否规范，分析是否合理有效，是否给出了合理化建议。

**（六）任务评分标准**

此项任务评分重点关注以下两点：

①分析报告是否符合规范，是否清晰明了，是否有参考价值。

②环境分析工具的运用是否正确，分析结论是否可靠。

## （七）相关表格

### 宏观环境分析表

| | | |
|---|---|---|
| 自然环境 | 原料供应情况（是否短缺） | |
| | 能源成本 | |
| | 环境污染情况 | |
| 人口统计 | 总量及增长趋势 | |
| | 地理分布 | |
| | 年龄和性别结构 | |
| | 家庭类型 | |
| 政治法律 | 政治环境 | |
| | 法律环境 | |
| | 政府干预程度 | |
| | 公众利益集团成长（如消费者保护协会等） | |
| 经济 | 经济发展水平 | |
| | 经济收入水平 | |
| | 储蓄和信贷状况 | |
| 社会文化 | 教育水平 | |
| | 宗教 | |
| | 价值观 | |
| | 消费习俗 | |
| 技术 | 技术水平 | |

### 微观环境分析表

| | | |
|---|---|---|
| 企业内部环境 | 人力、物力、财力，资源、市场占有率等 | |
| 利益相关方 | 供应商 | |
| | 经销商 | |
| | 物流服务公司 | |
| | 营销服务（广告、调研、咨询等） | |
| | 金融中介机构 | |

| 竞争者 | 同行业 | 现在 | |
|---|---|---|---|
| | | 潜在、新进 | |
| | 替代品 | 现在 | |
| | | 潜在 | |
| 顾客 | 消费者 | | |
| | 企业用户 | | |
| | 非营利组织 | | |
| | 政府采购 | | |
| 公众 | 内部员工 | | |
| | 外部公众 | | |

SWOT 分析表

| 内部环境分析（S/W） ／ 外部环境分析（O/T） | 机会（O） | 威胁（T） |
|---|---|---|
| 优势（S） | 优势+机会<br>增长型战略 | 优势+威胁<br>多种经营战略 |
| 劣势（W） | 劣势+机会<br>扭转型战略 | 劣势+威胁<br>防御型战略 |

## 二、教师的教学过程

教师按照"讲、做、导、评"四字教学法进行教学，即先讲理论知识和工作技巧，之后做示范，然后辅导学生学习和完成任务，最后对学生学习和完成任务情况做点评。

在基于工作过程的德技创融合模拟实践教学中，教师要把任务向学生描述清楚，营造学习氛围和创设情境是任课教师的重点工作。

### （一）讲

1.讲相关的基础知识和成功案例

教师除了讲解市场环境分析的基础知识，还要至少讲一个与环境分析相关的成功案例，也可以给学生播放爱护环境的视频代替讲故事。

### 2.描述任务

任务描述要清晰明了、引人入胜，要求教师讲清楚学生该做什么，怎么做，最后的成果是什么。

**任务描述表**

| 任务名称 | 做什么 | 怎么做 | 成果 |
|---|---|---|---|
| 分析市场营销环境 | 对模拟公司的市场营销环境进行分析 | 收集相关资讯，利用SWOT分析法或五力模型对公司市场营销环境进行分析 | 完成市场环境分析报告 |
| 任务说明：市场营销环境分析的重点是外部的机会和威胁 | | | |

### （二）做

#### 1.营造氛围

模拟实践教学要具有一定的学习氛围才会收到好的学习效果，所以教师在每次布置任务之前要做好思想动员和心理暗示，营造良好的学习氛围，让学生进入任务状态，感觉就是在做一项真实的工作。

#### 2.情境创设

在模拟实践教学中，教师要为学生创设尽量接近现实的情境。情境的创设包括三方面的内容：一是事件假设；二是角色设定；三是场景创设。

**情境创设表**

| 事件假设 | 角色设定 | 场景创设 |
|---|---|---|
| 为了更好地开展市场营销活动，公司决定对其内外部环境进行调研与分析 | 学生现在是公司市场部的调研员 | 创设市场营销调研的场景 |

#### 3.做示范

教师做一份市场环境分析报告或找一个优秀的市场环境分析案例供学生参考。

### （三）导

在学生开始"工作"时，教师和实践教学辅导老师要认真引导、指导和辅导学生完成对模拟公司的市场环境分析。

### （四）评

教师要对学生完成任务的过程和成果进行总结与点评，指出学生做得好的地方和存在的不足，并对不足之处提出改进意见。

本次任务教师点评的要点如下：

①进行环境分析时是否考虑了环境保护问题。

②是否考虑了如何协调各方面的关系。

③是否考虑了人文环境和人际关系对企业的影响。

## 三、学生的学习过程

学生按照"学、做、讲、论"四字学习法进行学习，学生接受任务之后，要迅速进入角色，积极投入任务中，完成任务时按照完整行动思维模式的资讯、计划、决策、实施、检查、评价六步骤进行，其中资讯（收集相关资讯）是在学的过程中完成的，就是自学和听讲时完成资讯的收集，计划、决策、实施是在做的过程中完成的，检查和评价是在学生讲、论和教师点评的过程中完成的。

### （一）学

学生要学习市场营销环境分析相关知识，收集相关资讯。学生可以通过听教师讲解、自学和相互学习等各种方式学习相关知识；通过查阅资料、阅读教材、上网搜索等各种方式收集相关资讯，需注意的是，网上搜索获得的知识要进行真伪辨别。在学习的过程中，学生要学会利用各种工具和方法，开动脑筋创新学习方法。

### （二）做

学生根据教师布置的任务，按照完整行动思维模式下的基本步骤完成任务。

分析营销环境的具体步骤如下：

①计划。制订市场营销环境分析实施计划。

②决策。选择最优计划。

③实施。执行计划。

### （三）讲

在检查实施步骤和评价实施效果的基础上，各小组派一名代表讲述自己公司的内外部环境情况，以及自己小组是如何进行市场营销环境分析的。

### （四）论

师生共同讨论各个小组的环境分析是否正确，检查进行市场营销环境分析的实施步骤是否正确，评价各个小组任务的完成情况。

# 典型工作任务十四　开发新产品

## 一、任务说明

### （一）任务情境

公司经过一段时间的运营，基本走上正轨而且赚到了一些钱，为了扩大经营，计划开发新产品占领新的市场。现在需要研发部门在市场调研的基础上集中精力开发新的产品。

### （二）任务目标

1.德育目标

①要树立企业是为消费者服务的社会组织的理念，认知商业的实质是提供方便和服务的道理。

②要树立开发新产品的终极目标是更好地为消费者服务的观念。

实现路径：在开发产品时以为消费者提供服务和便利为宗旨，培养学生为消费者提供方便和服务的理念。

2.知识技能目标

了解新产品开发的知识，培养学生新产品开发的能力。

实现路径：通过模拟开发新产品，使学生了解新产品开发的知识，培养学生新产品开发的能力。

3."三创"教育目标

培养学生的创新、创造、创业思维和能力。

实现路径：通过模拟开发新产品、开拓新市场，培养学生的创新、创造、创业思维和能力。

4.过程与方法目标

训练学生的创业思维，培养学生的合作意识和服务意识。

实现路径：在模拟开发新产品的过程中，训练学生的创业思维，培养学生的合作意识和服务意识。

### （三）任务内容

通过市场调研，模拟开发新产品。

### （四）任务要求与要点

1.任务要求

结合市场和自己模拟公司的实际情况，开发1~2款新产品，并做市场预测。

2.任务要点

开发的新产品要符合市场需求，具有较好的社会效益和经济效益。

### （五）考核指标

1.德育指标

在开发新产品时，是否考虑了为消费者提供服务和方便。

2.知识技能指标

开发的产品是否具有科技含量，市场开发计划是否可行。

3."三创"教育指标

①开发的产品是否具有创新性，是否创造了价值。

②新产品是否符合企业开发市场的要求。

4.过程与方法指标

开发新产品的过程是否符合开发程序和步骤，是否进行了详细的市场调研和分析。

5.量化指标

①新产品是否实用。

②新产品是否有市场。

### （六）任务评分标准

此项任务评分重点关注以下三点：

①新产品开发的成本与利润情况以及新产品的实用性。

②新产品是否能够被消费者接受，是否有市场需求。

③新产品的创新性。

### （七）相关表格

**产品开发计划表**

| 暂定品名/规格 | |
|---|---|
| 产品描述<br>（外形、功能、重量、材质等） | |

续　表

| 新产品效益 | 目标客户群及规模 | | 目标客户群份额 | |
|---|---|---|---|---|
| 社会经济效益 | 产品价值 | | 预定价格 | |
| | 与竞争对手的差异 | | 竞争情况 | |
| | 与公司整体战略的吻合度 | | 预计收入 | |
| 所需资源 | 成本 | | 人员 | |
| | 时间 | | 负责人 | |
| 进程 | 产品概念形成 | | 产品设计 | |
| | 产品试制 | | 产品上市 | |

# 二、教师的教学过程

教师按照"讲、做、导、评"四字教学法进行教学，即先讲理论知识和工作技巧，之后做示范，然后辅导学生学习和完成任务，最后对学生学习和完成任务情况做点评。

在基于工作过程的德技创融合模拟实践教学中，教师要把任务向学生描述清楚，营造学习氛围和创设情境是任课教师的重点工作。

## （一）讲

1.讲相关的基础知识和成功案例

教师除了讲解新产品开发的基础知识，还要至少讲一个成功开发新产品的案例。

2.描述任务

任务描述要清晰明了、引人入胜，要求教师讲清楚学生该做什么，怎么做，最后的成果是什么。

任务描述表

| 任务名称 | 做什么 | 怎么做 | 成果 |
|---|---|---|---|
| 开发新产品 | 开发一款新产品 | 开展市场调研，进行新产品开发论证，开发新产品 | 一款新产品 |
| 任务说明：开发的产品要具有经济价值和实用价值 | | | |

### （二）做

**1.营造氛围**

模拟实践教学要具有一定的学习氛围才会收到好的学习效果，所以教师在每次布置任务之前要做好思想动员和心理暗示，营造良好的学习氛围，让学生进入任务状态，感觉就是在做一项真实的工作。

**2.情境创设**

在模拟实践教学中，教师要为学生创设尽量接近现实的情境。情境的创设包括三方面的内容：一是事件假设；二是角色设定；三是场景创设。

**情境创设表**

| 事件假设 | 角色设定 | 场景创设 |
|---|---|---|
| 公司经过一段时间的运营，基本走上正轨而且赚到了一些钱，为了扩大经营计划开发新产品占领新的市场 | 学生现在是新产品研发部的员工 | 创设开发新产品的场景 |

**3.做示范**

教师找一个新产品开发案例或自己设计一款新产品并把思路介绍给学生供其参考。

### （三）导

在学生开始"工作"时，教师和实践教学辅导老师要认真引导、指导和辅导学生更好地完成任务。

### （四）评

教师要对学生完成任务的过程和成果进行总结与点评，指出学生做得好的地方和存在的不足，并对不足之处提出改进意见。

本次任务教师点评的要点如下：

①新产品开发是否符合创造价值或提供便利的要求。

②新产品是否可以促进社会进步。

## 三、学生的学习过程

学生按照"学、做、讲、论"四字学习法进行学习，学生接受任务之后，要迅速进入角色，积极投入任务中，完成任务时按照完整行动思维模式的资讯、计划、决策、实施、检查、评价六个步骤进行，其中资讯（收集相关资讯）是在学的过程中完成的，就是自学和听讲时完成资讯的收集，计划、决策、实施是在做的过程中完成的，检查和评价是在学生讲、论和教师点评的过程中完成的。

### （一）学

学生要学习新产品开发相关知识，收集相关资讯。学生可以通过听教师讲解、自学和相互学习等各种方式学习相关知识；通过查阅资料、阅读教材、上网搜索等各种方式收集相关资讯，需注意的是，网上搜索获得的知识要进行真伪辨别。在学习的过程中，学生要学会利用各种工具和方法，开动脑筋创新学习方法。

### （二）做

学生根据教师布置的任务，按照完整行动思维模式下的基本步骤完成任务。

开发新产品的具体步骤如下：

①计划。制订新产品开发计划。

②决策。选择最优计划。

③实施。执行计划。

### （三）讲

在检查实施步骤和评价实施效果的基础上，各小组派代表上台讲解设计新产品的动机和新产品的创新之处，讲解新产品开发过程以及新产品可以带来的社会效益和经济效益。

### （四）论

师生共同讨论各个小组开发的新产品是否有价值，检查实施步骤是否规范，评价新产品的经济效益和社会效益。

## 典型工作任务十五 制定产品策略

企业制定经营战略时，首先要明确企业能提供什么样的产品或服务，满足了消费者的哪些需求，也就是要解决产品策略问题。产品策略是市场营销组合策略的基础，从一定意义上讲，企业成败的关键在于产品满足消费者需求的程度以及产品策略正确与否。

## 一、任务说明

### （一）任务情境

公司为了得到更好的发展，经董事会研究决定，成立了项目组制定公司的产品策略。

**（二）任务目标**

1.德育目标

树立企业是为消费者服务的理念，树立企业的产品要有价值、要能够满足消费者需求的观念。

实现路径：通过引导学生在制定产品策略时充分考虑市场需求和自身情况，培养学生的服务意识和生产有价值产品的观念。

2.知识技能目标

①加深学生对产品策略的理解，学会运用所学知识解决实际问题。

②让学生认识到产品对于企业的重要性，创业的重要环节就是选择好经营的产品，产品策略的好坏直接影响企业的成败。

实现路径：通过自学和听教师讲解的方式学习和巩固理论知识，通过为模拟公司制定产品策略加深学生对产品策略的理解，使其运用所学知识解决实际问题。

3."三创"教育目标

培养学生的创业意识，提高创新和创造能力。

实现路径：通过为模拟公司制定合理的产品策略，培养学生的创业意识，提高创新和创造能力。

4.过程与方法目标

提高学生理论联系实际的能力，培养学生的合作意识。

实现路径：通过分组完成制定产品策略的过程，提高学生理论联系实际的能力，培养学生的合作意识。

**（三）任务内容**

结合模拟公司经营的产品和自身所学知识，制定产品策略，形成书面材料，并在班级宣讲公司的产品策略，回答学生提出的问题。

**（四）任务要求与要点**

1.任务要求

全员参与，认真开展市场调研，撰写的产品策略要经过全组成员的论证。

2.任务要点

制定产品组合策略时，要充分考虑市场和消费者心理因素，同时要结合公司实际（模拟公司的状况）。

**（五）考核指标：**

1.德育指标

在制定产品策略时，是否考虑了更好地为消费者服务，是否能够满足消费者对产品的期望。

2.知识技能指标

制定的产品策略是否可行，是否符合市场运行规律。

3."三创"教育指标

制定的产品策略是否有创新，是否有利于创业，是否具有一定的创造性。

4.过程与方法指标

在完成任务的过程中，学生是否得到了锻炼，是否小组全员参与了制定产品策略的工作，组长是否充分发挥作用。

5.量化指标

①产品组合策略的生产数量与企业实际能力是否匹配。

②有没有实现生产、储备、研发产品的合理接续（生产一代、储备一代、研发一代）。

**（六）任务评分标准**

此项任务评分重点关注以下三点：

①依据考核指标，对小组产品策略的书面材料进行考评。

②对产品策略的合理性和可行性进行考评。

③对宣讲和答辩情况进行考评。

**（七）相关表格**

**产品规划表**

| 公司产品组合 | | | | | |
|---|---|---|---|---|---|
| 产品线 | | | | | |
| 产品项目 | | | | | |

## 二、教师的教学过程

教师按照"讲、做、导、评"四字教学法进行教学，即先讲理论知识和工作

技巧，之后做示范，然后辅导学生学习和完成任务，最后对学生学习和完成任务情况做点评。

在基于工作过程的德技创融合模拟实践教学中，教师要把任务向学生描述清楚，营造学习氛围和创设情境是任课教师的重点工作。

## （一）讲

### 1.讲相关的基础知识和成功案例

教师除了讲解产品策略的基础知识，还要至少讲一个与产品策略相关的成功案例或含有思政元素的案例供学生参考。

### 2.描述任务

任务描述要清晰明了、引人入胜，要求教师讲清楚学生该做什么，怎么做，任务的最终成果是什么。

**任务描述表**

| 任务名称 | 做什么 | 怎么做 | 成果 |
|---|---|---|---|
| 制定产品策略 | 为模拟公司制定产品策略，主要是制定产品组合策略 | 在开展充分市场调研的基础上，结合公司实际制定产品策略，主要是确定公司的经营范围 | 切实可行的产品组合策略 |
| 任务说明：制定产品策略时要结合公司自身实际，且不能脱离市场 | | | |

## （二）做

### 1.营造氛围

模拟实践教学要具有一定的学习氛围才会收到好的学习效果，所以，教师在每次布置任务之前要做好思想动员和心理暗示，营造良好的学习氛围，让学生进入任务状态，感觉就是在做一项真实的工作。

### 2.情境创设

在模拟实践教学中，教师要为学生创设尽量接近现实的情境。情境的创设包括三方面的内容：一是事件假设；二是角色设定；三是场景创设。

**情境创设表**

| 事件假设 | 角色设定 | 场景创设 |
|---|---|---|
| 公司成立了项目组，专门研究公司的产品策略，要求项目组尽快制定出产品策略交由董事会讨论 | 学生现在是产品策略制定小组的成员 | 创设项目组在攻关克难的场景 |

3.做示范

教师为某一个模拟公司制定产品策略或找一个优秀的产品策略案例供学生参考。

**（三）导**

在学生开始"工作"时，教师和实践教学辅导老师要认真引导、指导和辅导学生更好地完成任务。

**（四）评**

教师要对学生完成任务的过程和成果进行总结与点评，指出学生做得好的地方和存在的不足，并对不足之处提出改进意见。

本次任务教师点评的要点如下：

产品策略是否有创新，是否符合实际。

## 三、学生的学习过程

学生按照"学、做、讲、论"四字学习法进行学习，学生接受任务之后，要迅速进入角色，积极投入任务中，完成任务时按照完整行动思维模式的资讯、计划、决策、实施、检查、评价六步骤进行，其中资讯（收集相关资讯）是在学的过程中完成的，就是自学和听讲时完成资讯的收集，计划、决策、实施是在做的过程中完成的，检查和评价是在学生讲、论和教师点评的过程中完成的。

**（一）学**

学生要学习制定产品策略相关知识，收集相关资讯。学生可以通过听教师讲解、自学和相互学习等各种方式学习相关知识；通过查阅资料、阅读教材、上网搜索等各种方式收集相关资讯，需注意的是，网上搜索获得的知识要进行真伪辨别。在学习的过程中，学生要学会利用各种工具和方法，开动脑筋创新学习方法。

**（二）做**

学生根据教师布置的任务，按照完整行动思维模式的基本步骤完成任务。

制定产品策略的具体步骤如下：

①计划。制定产品策略。

②决策。选择最优产品策略。

③实施。形成完整的产品策略书面材料。

### （三）讲

在检查实施步骤和评价实施效果的基础上，各小组派代表上台讲解自己公司的产品策略以及制定该策略的依据，讲解本公司产品策略的优点和缺点。

### （四）论

师生共同讨论各个小组制定的产品策略是否具有可操作性，检查实施步骤是否规范，评价产品策略的经济效益和社会效益。

## 典型工作任务十六　细分市场与确定目标市场

市场细分是选择目标市场的基础，是指企业按照某种标准将市场上的顾客划分成若干个顾客群，每一个顾客群构成一个子市场，不同子市场之间，需求存在着明显差别。

# 一、任务说明

## （一）任务情境

为了深挖市场潜力更好地为消费者服务，公司决定对目前市场进行细分以确定自己的目标市场。

## （二）任务目标

1.德育目标

①使学生树立营销的核心是为消费者服务的价值观。

②培养学生的社会责任感。

实现路径：

①通过励志故事和深刻阐述市场营销的内涵，讲解市场细分的实质是更好地为消费者服务，使学生树立营销的核心是为消费者服务的价值观。

②通过引导学生对本地的土特产进行市场细分和确定目标市场等方式，培养学生的社会责任感。

2.知识技能目标

复习巩固市场细分和确定目标市场的知识，理解市场细分的内涵，让学生学会对整体市场进行细分并确定自己公司的目标市场。

实现路径：

①通过教师讲解、案例分析，使学生理解市场细分的内涵。

②通过教师示范和模拟实践，让学生在实际操作中学会对整体市场进行细分

并确定自己公司的目标市场。

3."三创"教育目标

培养学生的创业意识和创造、创新能力。

实现路径：

①通过做市场调研和市场细分，引导学生创新调研方法和市场细分方法。

②通过在市场细分中寻找商机和自我创造商机等方式，培养学生的创业意识和创造、创新能力。

4.过程与方法目标

①培养学生的团队精神和合作能力。

②培养学生的自学能力和实际动手能力。

实现路径：

①在合作学习和共同完成任务的过程中，培养学生的团队精神和合作能力。

②通过课前预习市场调研和模拟实践活动，培养学生的自学能力和实际动手能力。

### （三）任务内容

任务内容具体如下：

①对市场进行细分，然后确定自己的目标市场和产品定位。

②撰写模拟公司的市场细分报告和企业定位策略、产品定位策略。

③撰写市场细分文案，就文案进行答辩。

### （四）任务要求与要点

1.任务要求

深入开展市场调研，认真撰写市场细分文案。

2.任务要点

市场细分的实质是对消费者群体进行细分，细分的最终目的是为不同的消费者服务，满足消费者不同的需求。

### （五）考核指标

1.德育指标

在进行市场细分和确定目标市场时，是否考虑了更好地为消费者服务和社会责任。

2.知识技能指标

①市场细分可衡量性、时效性、可进入性、差异性，确定目标市场的可行性。

②市场细分文案的质量。

③答辩情况。

3."三创"教育指标

①是否创新了市场细分的方法。

②做市场细分时是否有创造性思维。

③确定目标市场时是否有创业思维。

4.过程与方法指标

进行市场细分的方法步骤是否得当，是否体现了团队精神。

5.量化指标

①市场细分的细致程度，以及采用的标准。

②目标市场的预期消费人群数量和预期利润。

**（六）任务评分标准**

此项任务评分重点关注以下两点：

①依据考核指标对小组进行的市场细分、目标市场的确定进行考核评价。

②每个小组依据考核指标填写市场细分的可行性评价表和小组任务评分表，对其他小组进行考评。

**（七）相关表格**

**市场细分文案**

| 公司名称 | |
|---|---|
| 公司经营的产品 | |
| 整体市场 | |
| 市场细分 | |
| 目标市场 | |
| 市场细分的依据和确定目标市场的理由 | |

## 市场细分文案示例 1

| 公司名称 | 昆明牙膏有限责任公司（原昆明牙膏厂） |
|---|---|
| 公司经营的产品 | 三七牙膏等产品 |
| 整体市场 | 市场名称：牙膏市场<br>消费群：需要用牙膏刷牙的消费者 |
| 市场细分 | 无口腔疾病人群：需求——清洁口腔，口气清新、洁白<br>有口腔疾病人群：牙龈出血、牙周炎、口臭、经常牙痛，因上火引起的口腔问题等。需求——解决口腔问题 |
| 目标市场 | 药物牙膏：有口腔问题的消费者群体<br>目标市场：经常上火且上火后出现口腔问题的消费者群体；有口臭的消费者群体<br>产品定位：怕上火、怕口臭 |
| 市场细分的依据和确定目标市场的理由 | 细分市场的依据：消费者的不同需求，有一部分人有口腔疾病，这些人希望解决口腔问题<br>确定目标市场的理由：很多人都会上火，上火会带来牙痛、口腔溃疡等问题，这部分人群需要解决上火带来的口腔问题。口臭也是一种疾病，这部分人向往清新口气<br>分析：哪款卖得好，哪款可能卖得不好 |

## 市场细分文案示例 2

| 公司名称 | 云南诺特金参口腔护理用品有限公司 |
|---|---|
| 公司经营的产品 | 三七牙膏等产品 |
| 整体市场 | 市场名称：口腔护理用品（牙膏市场）<br>消费群：需要口腔护理用品的消费者（需要用牙膏刷牙的消费者） |
| 市场细分 | 无口腔疾病人群：需求——清洁口腔，口气清新、洁白<br>有口腔疾病人群：牙龈出血、牙周炎、口臭、经常牙痛、口腔溃疡、牙龈肿痛等。需求——解决口腔问题，口气清新 |
| 目标市场 | 药物牙膏：有口腔问题的消费群体<br>目标市场：希望口腔舒爽清新的消费群体中偏爱薄荷味和兰花香味的消费人群<br>产品定位：舒爽薄荷、清新留兰 |
| 市场细分的依据和确定目标市场的理由 | 细分市场的依据：消费者的不同需求，有一部分人有口腔疾病<br>确定目标市场的理由：每个人除了有清洁口腔的需求，也都希望口腔舒爽清新<br>分析：和昆明牙膏有限责任公司三七牙膏比较，哪款可能卖得更好 |

**市场细分的可行性评价表**

| 公司名称 | | | | | |
|---|---|---|---|---|---|
| 市场细分 | | | | | |
| 目标市场 | | | | | |
| 可衡量性<br>（20分） | 实效性<br>（20分） | 可进入性<br>（20分） | 差异性<br>（20分） | 总分<br>（80分） | 总评 |
| | | | | | |

注：总评，总分50分以下为无效，50分以上为有效。

**小组任务评分表**

| 公司名称 | 市场细分的可行性<br>（80分） | 文案<br>（10分） | 分享与答辩<br>（10分） | 总分<br>（100分） | 总评 |
|---|---|---|---|---|---|
| | | | | | |
| | | | | | |
| | | | | | |
| | | | | | |

注：总评，总分90分以上为优秀；70~90分为良好；60~70分为合格；60分以下为不合格。每个小组的最终成绩和评价，以其他几个小组给本组打分的平均分为依据。

## 二、教师的教学过程

教师按照"讲、做、导、评"四字教学法进行教学，即先讲理论知识和工作技巧，之后做示范，然后辅导学生学习和完成任务，最后对学生学习和完成任务情况做点评。

在基于工作过程的德技创融合模拟实践教学中，教师要把任务向学生描述清楚，营造学习氛围和创设情境是任课教师的重点工作。

### （一）讲

1.讲相关的基础知识和励志故事

教师除了讲解市场细分和确定目标市场的基础知识，还要至少讲一个市场细分和确定目标市场成功的案例，还可以重点讲一些具有思政元素的相关励志故事，如某企业为服务特殊人群发现了专门服务特殊人群的市场，并成功开发了新产品，开辟了新市场等。

### 2.描述任务

任务描述要清晰明了、引人入胜，要求教师讲清楚学生该做什么，怎么做，最后的成果是什么。

**任务描述表**

| 任务名称 | 做什么 | 怎么做 | 成果 |
|---|---|---|---|
| 市场细分与确定目标市场 | 通过调研对消费者群体进行细分，确定本公司的目标市场 | 通过调研对市场进行细分，经小组集体讨论确定本公司的目标市场 | 确定目标市场 |
| 任务说明：市场细分是对消费群进行细分，而不是对产品进行分类 | | | |

### （二）做

#### 1.营造氛围

模拟实践教学要具有一定的学习氛围才会收到好的学习效果，所以教师在每次布置任务之前要做好思想动员和心理暗示，营造良好的学习氛围，让学生进入任务状态，感觉就是在做一项真实的工作。

#### 2.情境创设

在模拟实践教学中，教师要为学生创设尽量接近现实的情境。情境的创设包括三方面的内容：一是事件假设；二是角色设定；三是场景创设。

**情境创设表**

| 事件假设 | 角色设定 | 场景创设 |
|---|---|---|
| 公司为了开拓新市场，进一步细化服务，提供更周到的服务和更贴心的产品给客户，计划对目标客户进行细分并确定本公司的目标市场 | 学生现在是市场部负责市场细分和确定目标市场的员工 | 创设进行市场细分的场景 |

#### 3.做示范

教师给学生介绍市场细分的经验，填写1~2份市场细分文案供学生参考。

### （三）导

在学生开始"工作"时，教师和实践教学辅导老师要认真引导、指导和辅导学生更好地完成任务。

### （四）评

教师要对学生完成任务的过程和成果进行总结与点评，指出学生做得好的地

方和存在的不足，并对不足之处提出改进意见。

本次任务教师点评的要点如下：

学生做的市场细分是否细分了消费群体，市场细分是否有效，确定的目标市场是否可行。

## 三、学生的学习过程

学生按照"学、做、讲、论"四字学习法进行学习，学生接受任务之后，要迅速进入角色，积极投入任务中，完成任务时按照完整行动思维模式的资讯、计划、决策、实施、检查、评价六步骤进行，其中资讯（收集相关资讯）是在学的过程中完成的，就是自学和听讲时完成资讯的收集，计划、决策、实施是在做的过程中完成的，检查和评价是在学生讲、论和教师点评的过程中完成的。

### （一）学

学生要学习市场细分相关知识，收集相关资讯。学生可以通过听教师讲解、自学和相互学习等各种方式学习相关知识；通过查阅资料、阅读教材、上网搜索等各种方式收集相关资讯，需注意的是，网上搜索获得的知识要进行真伪辨别。在学习的过程中，学生要学会利用各种工具和方法，开动脑筋创新学习方法。

### （二）做

学生根据教师布置的任务，按照完整行动思维模式的基本步骤完成任务。

细分市场与确定目标市场的具体步骤如下：

①计划。制订市场细分实施计划。

②决策。选择最优计划。

③实施。撰写市场细分文案，确定目标市场。

### （三）讲

在检查实施步骤和评价实施效果的基础上，各小组派代表上台讲解自己公司进行市场细分的创新之处以及确定目标市场的理由。

### （四）论

师生共同讨论各个小组的市场细分是否有效，确定的目标市场是否可行，检查实施步骤是否规范，评价新产品的经济效益和社会效益。

## 典型工作任务十七　撰写企划书

企划书是一种说明公司的长期目标、阶段目标、商业策略以及战术的文书。其主要目的是说明公司未来发展方向，如何实现目标，以及目标达成后的景象。

要求每家模拟公司结合自身情况认真撰写企划书（企划书的写法及范本等见第三部分教学参考资料的资料二）。教师要根据学生的实际情况进行辅导，如果学生基础较好且曾经学习过企划书的撰写，那么教师只要布置作业就可以了；如果学生基础较差，且没有学习过企划书的撰写，那么教师要用一课时为学生讲解相关知识。

本次任务要求学生在课后完成大多数工作，可以通过各种渠道学习如何写好一份企划书，也可以在课后请教老师。

# 一、任务说明

## （一）任务情境

公司经过全体员工的共同努力取得了较好的业绩，为了明确目标更好地发展，公司现在要做一份企划书。

## （二）任务目标

1.德育目标

培养学生树立大社会观和人类命运共同体的理念。

实现路径：引导学生在制定企业目标时考虑到社会和整个人类的目标，通过使企业目标与国家、社会、人类发展目标一致，培养学生的大社会观和人类命运共同体的理念。

2.知识技能目标

①使学生了解企业策划的知识。

②使学生学会撰写企划书。

实现路径：通过给模拟公司做企业策划、撰写企划书的方式使学生了解企业策划的知识，学会撰写企划书。

3."三创"教育目标

培养学生的创新、创造、创业思维和能力。

实现路径：通过模拟策划和撰写企划书，培养学生的创新、创造、创业思维和能力。

4.过程与方法目标

培养学生的合作意识、团队精神以及运用知识解决问题的能力。

实现路径：通过集体完成任务，培养学生的合作意识、团队精神以及运用知识解决问题的能力。

**（三）任务内容**

结合模拟公司实际情况，为公司做策划并撰写企划书。

**（四）任务要求与要点**

1.任务要求

全员参与，精心策划，认真撰写企划书。

2.任务要点

要说明公司未来发展方向，如何实现目标，以及目标达成后的景象。

**（五）考核指标**

1.德育指标

做企业策划和撰写企划书时是否考虑了社会效益。

2.知识技能指标

①企划书的质量。

②宣讲时的语言表达能力和答辩情况。

3."三创"教育指标

企划书是否有创新。

4.过程与方法指标

模拟过程是否全员参与，是否发挥了集体的作用。

5.量化指标

①企划书的目标指数是否合理。

②企划书是否有事实和数据支撑。

**（六）任务评分标准**

各小组将最终形成的完整企划书交到教学助理处，由教学助理组织评委会依据考核指标对企划书进行评审和打分。

**（七）相关表格**

企划表

| | |
|---|---|
| 企划背景 | |
| 企划主旨 | |
| 企划目的 | |

续　表

| 企业长远目标 | | |
|---|---|---|
| 阶段性目标 | 第一阶段 | |
| | 第二阶段 | |
| | 第三阶段 | |
| 企划内容 | | |
| 实施 | | |
| 检测 | | |
| 评估 | | |

## 二、教师的教学过程

教师按照"讲、做、导、评"四字教学法进行教学，即先讲理论知识和工作技巧，之后做示范，然后辅导学生学习和完成任务，最后对学生学习和完成任务情况做点评。

在基于工作过程的德技创融合模拟实践教学中，教师要把任务向学生描述清楚，营造学习氛围和创设情境是任课教师的重点工作。

### （一）讲

1.讲相关的基础知识和成功案例

教师除了讲解企业策划与撰写企划书的基础知识，还要至少讲一个因为有好的企划书而使企业成功的案例或故事。

## 2.描述任务

任务描述要清晰明了、引人入胜，要求教师讲清楚学生该做什么，怎么做，最后的成果是什么。

**任务描述表**

| 任务名称 | 做什么 | 怎么做 | 成果 |
|---|---|---|---|
| 撰写企划书 | 做企业策划，撰写企划书 | 开展市场调研，为自己的公司做策划，撰写企划书 | 企划书 |
| 任务说明：企划书要明确目标并有切实的行动方案 | | | |

### （二）做

#### 1.营造氛围

模拟实践教学要具有一定的学习氛围才会收到好的学习效果，所以教师在每次布置任务之前要做好思想动员和心理暗示，营造良好的学习氛围，让学生进入任务状态，感觉就是在做一项真实的工作。

#### 2.情境创设

在模拟实践教学中，教师要为学生创设尽量接近现实的情境。情境的创设包括三方面的内容：一是事件假设；二是角色设定；三是场景创设。

**情境创设表**

| 事件假设 | 角色设定 | 场景创设 |
|---|---|---|
| 公司成立了项目组，要求项目组做一份企划书 | 学生现在是企划项目组成员 | 创设撰写企划书的场景 |

#### 3.做示范

教师介绍企业策划的经验，做一份企划书或找一个优秀企划书案例供学生参考。

### （三）导

在学生开始"工作"时，教师和实践教学辅导老师要认真引导、指导和辅导学生更好地完成任务。

### （四）评

教师最后要对学生完成任务的过程和成果进行总结与点评，指出学生做得好的地方和存在的不足，并对不足之处提出改进意见。

本次任务教师点评的要点如下：

企划书不是"纸上谈兵"，要切实可行，指定的目标要合理。

## 三、学生的学习过程

学生按照"学、做、讲、论"四字学习法进行学习，学生接受任务之后，要迅速进入角色，积极投入任务中，完成任务时按照完整行动思维模式的资讯、计划、决策、实施、检查、评价六步骤进行，其中资讯（收集相关资讯）是在学的过程中完成的，就是自学和听讲时完成资讯的收集，计划、决策、实施是在做的过程中完成的，检查和评价是在学生讲、论和教师点评的过程中完成的。

### （一）学

学生要学习企业策划相关知识，收集相关资讯。学生可以通过听教师讲解、自学和相互学习等各种方式学习相关知识；通过查阅资料、阅读教材、上网搜索等各种方式收集相关资讯，需注意的是，网上搜索获得的知识要进行真伪辨别。在学习的过程中，学生要学会利用各种工具和方法，开动脑筋创新学习方法。

### （二）做

学生根据教师布置的任务，按照完整行动思维模式的基本步骤完成任务。

撰写企划书的具体步骤如下：

①计划。制订调研计划，进行市场调研。

②决策。依据市场调研做企业策划。

③实施。撰写企划书。

### （三）讲

每家模拟公司完成企划书之后，要在班级公开讲解，全班同学都可以对讲解内容提建议和意见，每个小组要在听取了同学的建议后，进一步完善企划书。

### （四）论

师生共同讨论各个小组的企划书，论证企划是否具有可操作性，检查企业策划步骤是否规范，评价企划书的优劣。

## 典型工作任务十八　制定企业运营方案

企业运营方案是指具有一定规模的企业成立初期制定的企业如何运营的具体方式方法，主要内容包括营销计划、财务计划、计划执行、核心团队成员及职责介绍、激励与约束机制、人力资源需求、外部合作关系等。

# 一、任务说明

## （一）任务情境

模拟公司经过一段时间的发展，现在已经初具规模，公司为了进一步发展，决定撰写高质量的企业运营方案。为了做好这项工作，公司成立了企业运营方案制定小组。

## （二）任务目标

### 1.德育目标

培养学生的集体意识和团队精神，以及企业与社会共同体意识。企业经营是一件复杂的事情，在企业运营中会遇到各种各样的事情，学生应了解"凡事预则立，不预则废"，要想使企业正常运行需要考虑很多事情。

实现路径：

①通过引导学生在制定运营方案时站在企业的角度看问题，把企业利益和社会利益融合在一起，培养集体意识和团队精神，培养企业和社会共同体意识。

②通过严格要求反复修改运营方案，让学生知道企业经营是一件复杂的事情。

### 2.知识技能目标

了解企业运营的基础知识，学会制定企业运营方案。

实现路径：

①通过自学和听教师讲解，使学生了解企业运营的基础知识。

②通过为模拟公司撰写企业运营方案，让学生学会制定企业运营方案。

### 3."三创"教育目标

培养学生的创新、创造、创业思维和能力。

实现路径：通过为模拟公司制定运营方案，培养学生的创新、创造、创业思维和能力。

### 4.过程与方法目标

培养学生理论联系实际的能力。

实现路径：运用所学知识为企业制定运营方案，培养学生理论联系实际的能力。

## （三）任务内容

小组成员经过调研后撰写企业运营方案，并且要在班上讲解该方案。

### （四）任务要求与要点

1.任务要求

小组成员积极参与，认真讨论，充分论证企业运营方案，最终形成一份较为完整合理的企业运营方案。

2.任务要点

企业运营方案要考虑社会利益，要结合公司实际。

### （五）考核指标

1.德育指标

制定企业运营方案时，是否考虑了员工的利益，是否把企业目标和社会利益结合在一起。

2.知识技能指标

企业运营方案的质量，运营方案时的宣讲和答辩情况。

3."三创"教育指标

企业运营方案是否有创新之处，是否考虑了创造和创业因素。

4.过程与方法指标

完成任务时，是否体现了组织的作用，是否发挥了所有员工的智慧。

5.量化指标

运营方案是否有数据支撑、是否有量化指标。

### （六）任务评分标准

评分委员会（评分小组）依据考核指标对任务完成情况进行评分，主要是对企业运营方案和方案讲解情况打分。

### （七）相关表格

**企业运营方案简表**

| 核心团队成员及职责介绍 | |
|---|---|
| 营销计划 | |
| 财务计划 | |
| 计划执行 | |
| 激励与约束机制 | |
| 人力资源需求 | |
| 外部合作关系 | |

## 二、教师的教学过程

教师按照"讲、做、导、评"四字教学法进行教学，即先讲理论知识和工作技巧，之后做示范，然后辅导学生学习和完成任务，最后对学生学习和完成任务情况做点评。

在基于工作过程的德技创融合模拟实践教学中，教师要把任务向学生描述清楚，营造学习氛围和创设情境是任课教师的重点工作。

### （一）讲

1.讲相关的基础知识和成功案例

教师除了讲解企业运营方案的基础知识，还要至少讲一个企业运营方案的成功案例。

2.描述任务

任务描述要清晰明了、引人入胜，要求教师讲清楚学生该做什么，怎么做，最后的成果是什么。

**任务描述表**

| 任务名称 | 做什么 | 怎么做 | 成果 |
|---|---|---|---|
| 制定企业运营方案 | 为模拟公司制定企业运营方案 | 在调研的基础上结合公司实际，制定企业运营方案 | 企业运营方案 |
| 任务说明：可以做一年的企业运营方案，也可以做三年的运营方案 | | | |

### （二）做

1.营造氛围

模拟实践教学要具有一定的学习氛围才会收到好的学习效果，所以教师在每次布置任务之前要做好思想动员和心理暗示，营造良好的学习氛围，让学生进入任务状态，感觉就是在做一项真实的工作。

2.情境创设

在模拟实践教学中，教师要为学生创设尽量接近现实的情境。情境的创设包括三方面的内容：一是事件假设；二是角色设定；三是场景创设。

**情境创设表**

| 事件假设 | 角色设定 | 场景创设 |
|---|---|---|
| 企业成立项目小组，制定企业运营方案 | 学生现在是负责制定企业运营方案的项目组成员 | 创设制定企业运营方案的场景 |

3.做示范

教师介绍制定企业运营方案的经验，做一份企业运营方案或找一个企业运营方案案例供学生参考。

**（三）导**

在学生开始"工作"时，教师和实践教学辅导老师要认真引导、指导和辅导学生更好地完成任务。

**（四）评**

教师要对学生完成任务的过程和成果进行总结与点评，指出学生做得好的地方和存在的不足，并对不足之处提出改进意见。

本次任务教师点评的要点如下：

企业运营方案的可行性、完整性和可操作性。

# 三、学生的学习过程

学生按照"学、做、讲、论"四字学习法进行学习，学生接受任务之后，要迅速进入角色，积极投入任务中，完成任务时按照完整行动思维模式的资讯、计划、决策、实施、检查、评价六步骤进行，其中资讯（收集相关资讯）是在学的过程中完成的，就是自学和听讲时完成资讯的收集，计划、决策、实施是在做的过程中完成的，检查和评价是在学生讲、论和教师点评的过程中完成的。

**（一）学**

学生要学习制定企业运营方案的相关知识，收集相关资讯。学生可以通过听教师讲解、自学和相互学习等各种方式学习相关知识；通过查阅资料、阅读教材、上网搜索等各种方式收集相关资讯，需注意的是，网上搜索获得的知识要进行真伪辨别。在学习的过程中，学生要学会利用各种工具和方法，开动脑筋创新学习方法。

**（二）做**

学生根据教师布置的任务，按照完整行动思维模式的基本步骤完成任务。

制定企业运营方案的具体步骤如下：

①计划。制订企业运营方案撰写计划。

②决策。选择最优计划。

③实施。制定企业运营方案。

## （三）讲

在自我检查实施步骤和评价实施效果的基础上，各小组派代表上台讲解本小组的企业运营方案以及创新之处，讲解企业运营方案对企业经营的作用。

## （四）论

师生共同讨论各个小组制定的企业运营方案的有效性，是否具有可操作性，检查实施步骤是否规范，评价企业运营方案的质量和效果。

# 典型工作任务十九　制定品牌与商标策略

品牌策略是一系列能够产生品牌积累的企业管理与市场营销方法，包括4P[①]与品牌识别在内的所有要素，主要包括品牌化决策、品牌使用者决策、品牌名称决策、品牌战略决策、品牌再定位决策、品牌延伸策略、品牌更新等。

商标策略是企业根据商品的质量和特点，合理地使用商标的策略，是企业利用代表产品质量和信誉的商标来推销商品、争夺市场，维护企业名誉和权益的方法。企业商标经注册后取得商标权，受法律保护，因此越来越多的企业注重产品商标策略。企业的商标策略一般有以下三种：一是个别品牌策略，是指企业不同的产品采用不同的商标。这种策略适用于企业不同品质的产品，以便用户严格区别高、中、低档商品的类别。二是家族品牌策略，是指企业不同类型的产品采用统一的商标，有利于提高企业在社会上的声誉和知名度，但也要求企业对各种产品都要绝对保证质量、否则会起到相反的效果。三是无商标策略，可以不采用商标，如散装的油、盐、酱、醋及其他日用小商品。但是无论采用哪种商标策略，每一个企业都要保证产品质量，提高服务质量，只有这样，才能充分发挥商标的效用，不断提高企业的声誉。

## 一、任务说明

### （一）任务情境

公司经过一段时间的运营后，公司高层发现品牌和商标具有重要作用和重大意义，为此成立了工作小组专门负责制定品牌与商标策略。

---

① 4P也称营销组合，具体是指商品（Product）、价格（Price）、地点（Place）和促销（Promotion）。

（二）任务目标

1.德育目标

培养学生诚实守信的美德。

实现路径：通过学习品牌和商标知识了解知识产权知识，培养学生诚实守信的美德。

2.知识技能目标

了解品牌与知名品牌、商标与注册商标的知识，掌握品牌和商标策略。

实现路径：

①通过自学和教师讲解了解品牌与知名品牌、商标与注册商标的知识。

②通过为模拟公司制定品牌和商标策略掌握制定品牌和商标策略的技能。

3."三创"教育目标

培养学生的创新、创造、创业思维和能力。

实现路径：通过学习品牌和商标知识提高学生的品牌意识和商标保护意识，通过制定商标和品牌策略，培养学生的创新、创造、创业思维和能力。

4.过程与方法目标

培养学生理论联系实际的能力。

实现路径：通过学习品牌和商标知识，并运用所学知识进行品牌和商标策划，培养学生理论联系实际的能力。

（三）任务内容

为模拟公司设计商标并注册，制定品牌策略。

（四）任务要求与要点

1.任务要求

设计的商标要有新意，品牌策略要与公司实际相匹配。

2.任务要点

进行商标设计和制定品牌策略时，要考虑是否侵权以及是否容易被别人仿冒等因素。

（五）考核指标：

1.德育指标

进行商标设计和制定品牌策略时，是否仿照他人的设计和策划，是否考虑知识产权问题，是不是随便从网上下载图片和抄袭的。

2.知识技能指标

商标设计与企业产品是否匹配，品牌策略是否与公司战略相匹配。

3."三创"教育指标

商标设计是否有创新，制定品牌策略时是否有创造性思维和创业思维。

4.过程与方法指标

是否体现了团队精神，是否提高了理论联系实际能力。

5.量化指标

①品牌和商标的设计是否规范。

②品牌和商标是否容易被消费者接受。

### （六）任务评分标准

此项任务评分重点关注以下两点：

①商标设计是否有意义，是否容易被记住和接纳。

②品牌策略是否有新意，是否可行。

### （七）相关表格

**商标设计表**

| 商标名称 | |
|---|---|
| 商标持有人（企业或个人） | |
| 商标类别及主要产品 | |
| 品牌及产品特色 | |
| 期望的品牌形象 | |
| 商标设计要求 | 中文□　英文或拼音□　图形□　组合设计□　独立设计□ |
| 造型要求 | |
| 色彩要求 | |
| 理想的标志风格 | 现代感□　科技感□　时尚感□　中国风□　西方古典□<br>其他： |

## 二、教师的教学过程

教师按照"讲、做、导、评"四字教学法进行教学，即先讲理论知识和工作技巧，之后做示范，然后辅导学生学习和完成任务，最后对学生学习和完成任务情况做点评。

在基于工作过程的德技创融合模拟实践教学中，教师要把任务向学生描述清楚，营造学习氛围和创设情境是任课教师的重点工作。

## （一）讲

### 1.讲相关的基础知识和成功案例

教师除了讲解品牌和商标策划的基础知识，还要至少讲一个成功解决商标纠纷的案例。

### 2.描述任务

任务描述要清晰明了、引人入胜，要求教师讲清楚学生该做什么，怎么做，最后的成果是什么。

**任务描述表**

| 任务名称 | 做什么 | 怎么做 | 成果 |
|---|---|---|---|
| 制定品牌与商标策略 | 为自己的公司设计商标、制定品牌策略 | 结合自己公司的产品特征设计商标并注册，制定公司的品牌策略 | 注册商标，制定品牌策略 |
| 任务说明：设计商标时不要和已有商标混淆，注意知识产权问题 | | | |

## （二）做

### 1.营造氛围

模拟实践教学要具有一定的学习氛围才会收到好的学习效果，所以教师在每次布置任务之前要做好思想动员和心理暗示，营造良好的学习氛围，让学生进入任务状态，感觉就是在做一项真实的工作。

### 2.情境创设

在模拟实践教学中，教师要为学生创设尽量接近现实的情境。情境的创设包括三方面的内容：一是事件假设；二是角色设定；三是场景创设。

**情境创设表**

| 事件假设 | 角色设定 | 场景创设 |
|---|---|---|
| 公司逐步认识到商标和品牌的重要性，决定成立项目组专门研究品牌策划，设计商标并注册 | 学生现在是负责品牌策划和商标设计的人员 | 创设商标设计和品牌策划的场景 |

### 3.做示范

教师给学生介绍商标设计和品牌策划的经验，做一个品牌策划方案或找一个品牌策划与商标设计的案例供学生参考。

## （三）导

在学生开始"工作"时，教师和实践教学辅导老师要认真引导、指导和辅导学生更好地完成任务。

**（四）评**

教师要对学生完成任务的过程和成果进行总结与点评，指出学生做得好的地方和存在的不足，并对不足之处提出改进意见。

本次任务教师点评的要点如下：

商标设计是否简明易记，品牌策略是否可行。

## 三、学生的学习过程

学生按照"学、做、讲、论"四字学习法进行学习，学生接受任务之后，要迅速进入角色，积极投入任务中，完成任务时按照完整行动思维模式的资讯、计划、决策、实施、检查、评价六步骤进行，其中资讯（收集相关资讯）是在学的过程中完成的，就是自学和听讲时完成资讯的收集，计划、决策、实施是在做的过程中完成的，检查和评价是在学生讲、论和教师点评的过程中完成的。

**（一）学**

学生要学习商标和品牌策划相关知识，收集相关资讯。学生可以通过听教师讲解、自学和相互学习等各种方式学习相关知识；通过查阅资料、阅读教材、上网搜索等各种方式收集相关资讯，需注意的是，网上搜索获得的知识要进行真伪辨别。在学习的过程中，学生要学会利用各种工具和方法，开动脑筋创新学习方法。

**（二）做**

学生根据教师布置的任务，按照完整行动思维模式的基本步骤完成任务。

制定品牌与商标策略的具体步骤如下：

①计划。制订品牌策划与商标设计计划。

②决策。选择最优计划。

③实施。执行计划设计商标、制定品牌策略。

**（三）讲**

在自我检查实施步骤和评价实施效果的基础上，各小组派代表上台讲解设计商标的动机和制定品牌策略的创新之处，讲解设计商标和制定品牌策略的心得和感悟。

**（四）论**

师生共同讨论各个小组设计的商标是否新颖，是否具有使用价值，检查实施步骤是否规范，评价注册商标和制定品牌策略的实用性。

# 典型工作任务二十　制定包装与流通加工策略

包装策略是企业对其生产的产品采用相同的图案、近似的色彩、相同的包装材料和相同的造型进行包装，便于消费者识别本企业产品。对于企业的忠实消费者、类似包装无疑具有营销的作用，企业还能节省包装的设计、制作费用。但类似包装策略只适用于质量相同的产品，对于品种差异大、质量水平悬殊的产品则不宜采用。

流通加工是商品在从生产者向消费者流通过程中，为了增加附加值，满足消费者需求，促进销售而进行简单的组装、剪切、套裁、贴标签、刷标志、分类、检量、弯管、打孔等加工作业。

## 一、任务说明

### （一）任务情境

公司为了提高销量占领更多的市场份额，现在要对产品进行包装设计制定包装策略。有员工发现公司经营的产品还可以通过流通加工增加销量和利润，于是向公司提出了合理化建议，公司采纳了该员工的建议，并责成营销部门制定流通加工策略。

### （二）任务目标

1.德育目标

培养学生的审美情趣和节俭品德。

实现路径：通过引导学生进行包装设计、制定包装策略以及流通加工策略，培养学生的审美情趣和节俭品德。

2.知识技能目标

①学习包装和流通加工相关知识。

②掌握制定包装策略的技能。

③掌握制定流通加工策略的技能。

实现路径：通过自学和听教师讲解知识，学习包装知识，运用所学知识为自己的产品设计包装，制定包装策略以及流通加工策略，巩固所学知识。

3."三创"教育目标

培养学生的创新、创造、创业思维和能力。

实现路径：通过引导学生创新包装设计，制定有创意的包装策略以及流通加工策略，培养学生的创新、创造、创业思维和能力。

4.过程与方法目标

培养学生的学习能力以及协作能力和团队精神。

实现路径：通过小组共同完成包装设计与包装策划，培养学生的学习能力以及协作能力和团队精神。

### （三）任务内容

任务内容具体如下：

①为公司的产品设计包装，制定包装策略。

②如需要对产品进行二次加工，可以设计一下流通环节的加工、包装等。

### （四）任务要求与要点

1.任务要求

精心设计，认真完成包装策划。

2.任务要点

在避免过度包装的基础上进行创新，不是包装越豪华越好。

### （五）考核指标：

1.德育指标

包装要简洁，避免过度包装。

2.知识技能指标

包装设计和包装策略的合理性，流通加工策略的优劣等。

3."三创"教育指标

包装设计是否有创新。

4.过程与方法指标

①是否发挥了团队的作用。

②是否有明确的分工合作。

③是否把理论知识合理运用到了实际工作当中。

④工作过程是否规范，方法是否得当。

5.量化指标

①包装费用与产品利润相比较是否合理。

②包装成本在产品总成本中所占比例是否合理。

### （六）任务评分标准

此项任务评分重点关注以下三点：

①包装设计是否符合产品特征。

②包装策略是否与公司营销战略匹配。

③流通加工策略是否更加有利于产品销售（有流通加工策略时使用本标准）。

## （七）相关表格

**包装设计表**

| 产品特征 | | | 备注 |
|---|---|---|---|
| 内包装 | 材质 | | |
| | 形状 | | |
| 外包装 | 材质 | | |
| | 形状 | | |
| | 是否可回收或重复使用 | | |
| | 外包装图案 | | |
| 运输包装 | 材质 | | |
| | 形状 | | |
| | 是否可重复使用 | | |

## 二、教师的教学过程

教师按照"讲、做、导、评"四字教学法进行教学，即先讲理论知识和工作技巧，之后做示范，然后辅导学生学习和完成任务，最后对学生学习和完成任务情况做点评。

在基于工作过程的德技创融合模拟实践教学中，教师要把任务向学生描述清楚，营造学习氛围和创设情境是任课教师的重点工作。

### （一）讲

1.讲相关的基础知识和案例

教师除了讲解包装策略和流通加工的基础知识，还要至少讲一个含有思政元素的相关案例或故事。

2.描述任务

任务描述要清晰明了、引人入胜，要求教师讲清楚学生该做什么，怎么做，最后的成果是什么。

**任务描述表**

| 任务名称 | 做什么 | 怎么做 | 成果 |
|---|---|---|---|
| 包装策划 | 进行包装设计和做包装策划 | 结合公司产品特征制定包装策略，设计产品包装 | 完整的包装设计和包装策划书 |
| 流通加工策划 | 制定流通加工策略 | 仔细研究产品特征和消费者消费习惯，制定合理的流通加工策略 | 完成流通加工策划书的撰写 |
| 任务说明：包装既要符合产品特征，又要有利于销售和运输。如产品需要进行流通加工，则要进行流通加工策划并完成流通加工策划书的撰写 |||||

### （二）做

#### 1.营造氛围

模拟实践教学要具有一定的学习氛围才会收到好的学习效果，所以教师在每次布置任务之前要做好思想动员和心理暗示，营造良好的学习氛围，让学生进入任务状态，感觉就是在做一项真实的工作。

#### 2.情境创设

在模拟实践教学中，教师要为学生创设尽量接近现实的情境。情境的创设包括三方面的内容：一是事件假设；二是角色设定；三是场景创设。

**情境创设表**

| 事件假设 | 角色设定 | 场景创设 |
|---|---|---|
| 公司要做产品包装策划，设计产品包装 | 学生现在是公司产品包装策划与设计人员 | 创设产品包装策划与设计的场景 |
| 公司的产品可以通过流通加工提高销量和增加利润 | 学生现在是公司产品流通加工策划人员 | 创设产品流通加工的场景 |

#### 3.做示范

教师介绍一下包装策划和流通加工的经验，做一份或找一份包装策划案例供学生参考。

### （三）导

在学生开始"工作"时，教师和实践教学辅导老师要认真引导、指导和辅导学生更好地完成任务。

### （四）评

教师要对学生完成任务的过程和成果进行总结与点评，指出学生做得好的地方和存在的不足，并对不足之处提出改进意见。

本次任务教师点评的要点如下：

①包装除了基本的功能，也可以促进销售，但是包装不能过度，包装的价值不能高于产品本身的价值。

②进行再加工的必要性，流通过程中的产品再加工是否会使产品增值或增加销量。

## 三、学生的学习过程

学生按照"学、做、讲、论"四字学习法进行学习，学生接受任务之后，要迅速进入角色，积极投入到任务中，完成任务时按照完整行动思维模式的资讯、计划、决策、实施、检查、评价六步骤进行，其中资讯（收集相关资讯）是在学的过程中完成的，就是自学和听讲时完成资讯的收集，计划、决策、实施是在做的过程中完成的，检查和评价是在学生讲、论和教师点评的过程中完成的。

（一）学

学生要学习包装与流通加工相关知识，收集相关资讯。学生可以通过听教师讲解、自学和相互学习等各种方式学习相关知识；通过查阅资料、阅读教材、上网搜索等各种方式收集相关资讯，需注意的是，网上搜索获得的知识要进行真伪辨别。在学习的过程中，学生要学会利用各种工具和方法，开动脑筋创新学习方法。

（二）做

学生根据教师布置的任务，按照完整行动思维模式的基本步骤完成任务。

制定包装与流通加工策略的具体步骤如下：

①计划。制订包装和流通加工策略的工作计划。

②决策。选择最优计划。

③实施。执行计划，制定包装策略，设计产品包装；进行流通加工策划。

（三）讲

在自我检查实施步骤和评价实施效果的基础上，各小组派代表上台讲解包装和流通加工策略的创新之处，以及优化包装和流通加工策略带来的经济效益。

（四）论

师生共同讨论各个小组制定的包装和流通加工策略是否可行，是否具有可操作性，检查实施步骤是否规范，评价包装和流通加工策略的预期效果。

## 典型工作任务二十一　制定产品定价策略

价格是影响交易成败的重要因素之一，公司定价的目标是促进销售、获取利润。这要求公司既要考虑成本的补偿，又要考虑消费者对价格的接受能力，定价策略具有买卖双方双向决策的特征。此外，价格还是市场营销组合中最灵活的因素，它可以对市场作出灵敏的反应。

# 一、任务说明

## （一）任务情境

面临日新月异的市场，公司决定调整原有产品的价格，改变定价策略，为公司产品重新定价。

## （二）任务目标

1.德育目标

培养学生重义轻利和以义为利的经商观。

实现路径：引导学生在为产品定价时不要只考虑高额利润，不赚取超额利润，培养学生重义轻利和以义为利的经商观。

2.知识技能目标

熟悉定价策略，学生能够给产品确定合理的价格。

实现路径：通过为模拟公司的产品定价，使学生熟悉定价策略，掌握给不同产品定价的技巧。

3."三创"教育目标

培养学生的创业胸怀，创新能力和创造思维。

实现路径：

①通过引导学生定价时只赚取合理利润，不贪图暴利，培养创业胸怀。

②通过定价的思路创新培养学生的创新能力和创造思维。

4.过程与方法目标

①激发学生的社会属性，提高学生理论联系实际能力。

②培养学生的自学能力、团队精神和协作能力。

实现路径：

①通过模拟实践激发学生的社会属性。

②运用理论知识对公司产品进行定价，巩固前期所学的产品定价知识，提高学生理论联系实际的能力。

③通过合作完成任务，培养学生的团队精神和协作能力。

### （三）任务内容

为模拟公司经营的产品制定定价策略，并在班级进行宣讲和答辩。

### （四）任务要求与要点

1.任务要求

全员参与，认真做市场调研，虚心接受班级同学的建议。

2.任务要点

定价策略的要点是利益平衡，公司在定价时既要考虑企业的利润，也要顾及消费者的利益。

### （五）考核指标

1.德育指标

定价时是否考虑了消费者的利益，是把经济效益放在了首位还是把社会效益放在了首位。

2.知识技能指标

制定的产品定价策略是否合理，宣讲和答辩情况如何。

3."三创"教育指标

定价时是否有创造性思维，是否有所创新。

4.过程与方法指标

是否全员参与了定价，是否考虑了当前社会物价水平。

5.量化指标

①定价时是否做了成本核算。

②定价依据是否合理。

### （六）任务评分标准

此项任务评分重点关注以下三点：

①定价策略是否符合实际。

②定价是否符合客观规律。

③消费者是否会接受企业的产品价格。

### （七）相关表格

**公司产品价格表（一）**

| 品名 | 出厂价 | 批发价 | 零售价 | 折扣政策 |
|------|--------|--------|--------|----------|
|      |        |        |        |          |
|      |        |        |        |          |

**公司产品价格表（二）**

| 品名 | 一级代理商价格 | 二级代理商价格 | 零售商价格 | 返利政策 |
|---|---|---|---|---|
|  |  |  |  |  |
|  |  |  |  |  |
|  |  |  |  |  |

## 二、教师的教学过程

教师按照"讲、做、导、评"四字教学法进行教学，即先讲理论知识和工作技巧，之后做示范，然后辅导学生学习和完成任务，最后对学生学习和完成任务情况做点评。

在基于工作过程的德技创融合模拟实践教学中，教师要把任务向学生描述清楚，营造学习氛围和创设情境是任课教师的重点工作。

### （一）讲

1.讲相关的基础知识和成功案例

教师除了讲解定价策略的基础知识，还要至少讲一个重义轻利经商成功的成功案例。

2.描述任务

任务描述要清晰明了、引人入胜，要求教师讲清楚学生该做什么，怎么做，最后的成果是什么。

**任务描述表**

| 任务名称 | 做什么 | 怎么做 | 成果 |
|---|---|---|---|
| 制定定价策略 | 为企业制定定价策略，给公司产品重新定价 | 开展市场调研了解市场行情，依据市场制定定价策略，为公司产品定价 | 定价策略与合理的产品定价 |
| 任务说明：定价时需要考虑成本，同时不能忽略消费者利益 |  |  |  |

### （二）做

1.营造氛围

模拟实践教学要具有一定的学习氛围才会收到好的学习效果，所以教师在每次布置任务之前要做好思想动员和心理暗示，营造良好的学习氛围，让学生进入任务状态，感觉就是在做一项真实的工作。

### 2.情境创设

在模拟实践教学中，教师要为学生创设尽量接近现实的情境。情境的创设包括三方面的内容：一是事件假设；二是角色设定；三是场景创设。

**情境创设表**

| 事件假设 | 角色设定 | 场景创设 |
| --- | --- | --- |
| 公司决定调整价格策略，对产品重新定价，现在需要制定新的定价策略，重新给产品定价 | 学生是公司负责定价的员工 | 创设调整产品价格的场景 |

### 3.做示范

教师介绍产品定价的经验，做一份定价策略或找一个定价策略案例供学生参考。

### （三）导

在学生开始"工作"时，教师和实践教学辅导老师要认真引导、指导和辅导学生更好地完成任务。

### （四）评

教师要对学生完成任务的过程和成果进行总结与点评，指出学生做得好的地方和存在的不足，并对不足之处提出改进意见。

本次任务教师点评的要点如下：

侧重点评定价的利益平衡问题，学生定价时是否考虑了各方利益（员工、经销商、消费者等各方利益），定价时有没有遵守重义轻利的商业道德。

## 三、学生的学习过程

学生按照"学、做、讲、论"四字学习法进行学习，学生接受任务之后，要迅速进入角色，积极投入到任务中，完成任务时按照完整行动思维模式的资讯、计划、决策、实施、检查、评价六步骤进行，其中资讯（收集相关资讯）是在学的过程中完成的，就是自学和听讲时完成资讯的收集，计划、决策、实施是在做的过程中完成的，检查和评价是在学生讲、论和教师点评的过程中完成的。

### （一）学

学生要学习产品定价策略相关知识，收集相关资讯。学生可以通过听教师讲解、自学和相互学习等各种方式学习相关知识；通过查阅资料、阅读教材、上网搜索等各种方式收集相关资讯，需注意的是，网上搜索获得的知识要进行真伪辨别。在学习的过程中，学生要学会利用各种工具和方法，开动脑筋创新学习方法。

**（二）做**

学生根据教师布置的任务，按照完整行动思维模式的基本步骤完成任务。

制定产品定价策略的具体步骤如下：

①计划。制定定价策略。

②决策。选择最优定价策略。

③实施。执行计划，为企业产品定价。

**（三）讲**

在自我检查实施步骤和评价实施效果的基础上，各小组派代表上台讲解本小组产品定价策略的创新之处，讲解本小组产品的价格和定价依据。

**（四）论**

师生共同讨论各个小组产品定价策略的优劣，是否具有可操作性，检查实施步骤是否规范，评价产品定价策略的实施效果。

# 典型工作任务二十二　做广告策划

广告策划是对提出广告决策、实施广告决策、检验广告决策全过程作预先的考虑与设想，也是对广告整体战略与策略的运筹规划。广告策划不是具体的广告业务，而是广告决策的形成过程。

## 一、任务说明

### （一）任务情境

为了促进销售，公司计划加大广告宣传力度。

### （二）任务目标

1.德育目标

培养学生诚实守信的品德。

实现路径：通过引导学生不做虚假广告，不夸大其词，培养学生诚实守信的品德。

2.知识技能目标

让学生熟悉广告策划的内容，学会运用所学知识进行广告策划，并可以写出完整的广告策划案。

实现路径：

①通过自学和教师讲解，使学生熟悉广告策划的内容。

②让学生学会运用所学知识进行广告策划，并可以写出完整的广告策划案。

3."三创"教育目标

培养学生的创新、创造、创业思维和能力。

实现路径：通过给模拟公司的产品做广告策划，培养学生的创新、创造、创业思维和能力。

4.过程与方法目标

①激发学生的社会属性，提高学生理论联系实际能力。

②培养学生的自学能力、团队精神和协作能力。

实现路径：

①通过模拟实践激发学生的社会属性。

②运用理论知识对公司产品做广告策划，巩固前期所学的广告促销知识，提高学生理论联系实际的能力。

③通过学生自主完成任务，培养他们的自学能力。

④通过合作完成任务，培养学生的团队精神和协作能力。

## （三）任务内容

为自己的公司或产品做一份广告策划，在课堂上讲解自己的策划方案。

## （四）任务要求与要点

1.任务要求

认真调研各个广告媒体，撰写切实可行的广告策划案。

2.任务要点

做广告策划可以合理地夸张，但是不能弄虚作假。

## （五）考核指标

1.德育指标

做广告策划时是否遵守诚实守信原则。

2.知识技能指标

广告策划是否生动、吸引人，是否规范可行。

3."三创"教育指标

广告策划是否有创新，是否体现了创造性思维。

4.过程与方法指标

①是否发挥了团队的作用，是否有明确的分工合作。

②是否把理论知识合理运用到实际工作当中。

③工作过程是否规范，方法是否得当。

5.量化指标

①广告是否简洁有创意。

②广告是否能够吸引消费者。

**（六）任务评分标准**

此项任务评分重点关注以下两点：

①广告策划案的质量。

②讲解和答辩情况。

**（七）相关表格**

### 广告策划流程表

| 步骤 | 项目 | 内容 |
|---|---|---|
| 一 | 资讯分析 | 调研、收集信息 |
| 二 | 与客户沟通 | 了解客户群的特征和偏好 |
| 三 | 广告目标制定 | 可以是概念性的，也可以是数字 |
| | 广告主题策划 | 向消费者传达的主要信息或核心概念 |
| 四 | 撰写文案 | 标题、正文、广告语 |
| | 确定表现形式 | 概念、文字、图片、视频 |
| 五 | 选择媒介 | 电视、报纸、杂志、广播、户外、互联网 |
| 六 | 整合营销传播 | 广告、促销、公共关系、软文、事件活动、现场推广 |
| 七 | 广告预算控制 | 确定预算、分配预算 |
| 八 | 广告效果检验 | 制定有关的控制、评价标准，了解并协调广告活动的好坏，以调整广告整体的策划 |
| 九 | | 撰写广告策划书 |

## 二、教师的教学过程

教师按照"讲、做、导、评"四字教学法进行教学，即先讲理论知识和工作技巧，之后做示范，然后辅导学生学习和完成任务，最后对学生学习和完成任务情况做点评。

在基于工作过程的德技创融合模拟实践教学中，教师要把任务向学生描述清楚，营造学习氛围和创设情境是任课教师的重点工作。

### （一）讲

1.讲相关的基础知识和成功案例

教师除了讲解广告策划的基础知识，还要至少讲一个广告策划成功的案例。

2.描述任务

任务描述要清晰明了、引人入胜，要求教师讲清楚学生该做什么，怎么做，最后的成果是什么。

**任务描述表**

| 任务名称 | 做什么 | 怎么做 | 成果 |
|---|---|---|---|
| 撰写广告策划书 | 做广告策划，撰写策划书 | 进行市场调研，给公司产品做广告，撰写广告策划书 | 广告策划书 |
| 任务说明：做广告策划时要遵守诚实守信原则 | | | |

### （二）做

1.营造氛围

模拟实践教学要具有一定的学习氛围才会收到好的学习效果，所以教师在每次布置任务之前要做好思想动员和心理暗示，营造良好的学习氛围，让学生进入任务状态，感觉就是在做一项真实的工作。

2.情境创设

在模拟实践教学中，教师要为学生创设尽量接近现实的情境。情境的创设包括三方面的内容：一是事件假设；二是角色设定；三是场景创设。

**情境创设表**

| 事件假设 | 角色设定 | 场景创设 |
|---|---|---|
| 公司准备做广告宣传，现在要求市场部撰写一份广告策划书 | 学生是公司市场部负责做广告策划的员工 | 创设广告策划和撰写策划书的场景 |

3.做示范

教师介绍广告策划的经验，撰写一份广告策划案或找一个优秀广告策划案例供学生参考。

### （三）导

在学生开始"工作"时，教师和实践教学辅导老师要认真引导、指导和辅导学生更好地完成任务。

### （四）评

教师要对学生完成任务的过程和成果进行总结与点评，指出学生做得好的地方和存在的不足，并对不足之处提出改进意见。

本次任务教师点评的要点如下：

广告策划应遵守诚实守信原则，同时也要重视广告效果。

## 三、学生的学习过程

学生按照"学、做、讲、论"四字学习法进行学习，学生接受任务之后，要迅速进入角色，积极投入任务中，完成任务时按照完整行动思维模式的资讯、计划、决策、实施、检查、评价六步骤进行，其中资讯（收集相关资讯）是在学的过程中完成的，就是自学和听讲时完成资讯的收集，计划、决策、实施是在做的过程中完成的，检查和评价是在学生讲、论和教师点评的过程中完成的。

### （一）学

学生要学习广告策划的相关知识，收集相关资讯。学生可以通过听教师讲解、自学和相互学习等各种方式学习相关知识；通过查阅资料、阅读教材、上网搜索等各种方式收集相关资讯，需注意的是，网上搜索获得的知识要进行真伪辨别。在学习的过程中，学生要学会利用各种工具和方法，开动脑筋创新学习方法。

### （二）做

学生根据教师布置的任务，按照完整行动思维模式的基本步骤完成任务。

做广告策划的具体步骤如下：

①计划。制订调研计划。

②决策。选择最优计划。

③实施。执行计划，开展调研，撰写广告策划书。

### （三）讲

在自我检查实施步骤和评价实施效果的基础上，各小组派代表上台讲解广告策划的创新之处，分享做广告策划的心得体会。

### （四）论

师生共同讨论各个小组所做广告策划的优点和不足，检查实施步骤是否规范，评价广告的预期效果。

# 典型工作任务二十三　促销演练

促销活动顾名思义就是为了促进某种商品或服务的销售而进行降价或赠送礼品等行为。促销活动能在短期内达到促进销售、提升业绩、增加收益的效果。

模拟演练是开展促销活动的重要环节，一般用在极具创意性的活动，通过这一环节可大大提高方案的可执行性，避免活动现场的混乱。

## 一、任务说明

### （一）任务情境

为了促进销售，公司计划近期举行一次大型促销活动，现在要事先进行促销演练，确保活动达到预期效果。

### （二）任务目标

1.德育目标

培养学生"踏踏实实促销，实实在在让利"的促销观念。

实现路径：通过讲解虚假让利和谎言促销的案例，教育学生哪些是不可取的，引导学生开展实实在在的让利促销活动。

2.知识技能目标

运用所学的促销知识进行促销策划，提高学生的组织能力。

实现路径：

①通过自学和教师讲解巩固理论知识。

②通过模拟促销活动锻炼学生的组织能力。

3."三创"教育目标

培养学生的创新、创造、创业思维和能力。

实现路径：通过创新促销活动，培养学生的创新、创造、创业思维和能力。

4.过程与方法目标

①激发学生的社会属性，提高学生理论联系实际能力。

②培养学生的自学能力、团队精神和协作能力。

实现路径：

①通过模拟实践激发学生的社会属性。

②运用理论知识对公司产品做促销，巩固前期所学的广告促销知识，提高学

生理论联系实际的能力。

③通过自主完成任务，培养学生的自学能力。

④通过合作完成任务，培养学生的团队精神和协作能力。

**（三）任务内容**

依据公司的产品特征做一份促销方案，并在班级进行促销演练。

**（四）任务要求与要点**

1.任务要求

全员参与，精心策划，认真演练。

2.任务要点

模拟演练之后要进行总结，总结后确定促销方案。

**（五）考核指标**

1.德育指标

促销演练不能带有虚假成分。

2.知识技能指标

掌握的促销知识是否扎实，促销演练是否到位。

3."三创"教育指标

促销方案是否有创新，促销演练是否有创造性。

4.过程与方法指标

①是否发挥了团队的作用，是否有明确的分工合作。

②是否把理论知识合理运用到了实际工作当中。

③工作过程是否规范，方法是否得当。

5.量化指标

①促销演练时间安排是否合理。

②促销方案是否经得起推敲。

**（六）任务评分标准**

此项任务评分重点关注以下两点：

①促销方案的质量。

②模拟演练情况。

### （七）相关表格

**促销演练内容细化表**

| 序号 | 项目 | 内容 | 备注 |
|---|---|---|---|
| 1 | 促销目标 | | |
| 2 | 促销措施 | | |
| 3 | 总体部署 | | |
| 4 | 可能出现的问题 | | |
| 5 | 相应补救措施 | | |
| 6 | 可行性分析 | | |
| 7 | 实施前提 | | |

## 二、教师的教学过程

教师按照"讲、做、导、评"四字教学法进行教学，即先讲理论知识和工作技巧，之后做示范，然后辅导学生学习和完成任务，最后对学生学习和完成任务情况做点评。

在基于工作过程的德技创融合模拟实践教学中，教师要把任务向学生描述清楚，营造学习氛围和创设情境是任课教师的重点工作。

### （一）讲

1.讲相关的基础知识和成功案例

教师除了讲解促销的基础知识，还要至少讲一个促销成功的案例。

2.描述任务

任务描述要清晰明了、引人入胜，要求教师讲清楚学生该做什么，怎么做，最后的成果是什么。

**任务描述表**

| 任务名称 | 做什么 | 怎么做 | 成果 |
|---|---|---|---|
| 促销演练 | 演练促销方案 | 制定促销方案，为了使促销圆满成功，在促销活动开始之前演练一遍，演练后对促销方案做进一步的完善 | 修订促销方案 |
| 任务说明：促销演练的目的是在真正促销时达到预期效果 | | | |

### （二）做

**1.营造氛围**

模拟实践教学要具有一定的学习氛围才会收到好的学习效果，所以教师在每次布置任务之前要做好思想动员和心理暗示，营造良好的学习氛围，让学生进入任务状态，感觉就是在做一项真实的工作。

**2.情境创设**

在模拟实践教学中，教师要为学生创设尽量接近现实的情境。情境的创设包括三方面的内容：一是事件假设；二是角色设定；三是场景创设。

**情境创设表**

| 事件假设 | 角色设定 | 场景创设 |
| --- | --- | --- |
| 公司制定了促销方案，现在先演练一遍 | 学生是公司营销部门的员工 | 创设演练促销活动的场景 |

**3.做示范**

教师做一份促销方案或找一个优秀的促销活动案例供学生参考。

### （三）导

在学生开始"工作"时，教师和实践教学辅导老师要认真引导、指导和辅导学生更好地完成任务。

### （四）评

教师要对学生完成任务的过程和成果进行总结与点评，指出学生做得好的地方和存在的不足，并对不足之处提出改进意见。

本次任务教师点评的要点如下：

促销方案是否有虚假成分，促销演练是否成功。

## 三、学生的学习过程

学生按照"学、做、讲、论"四字学习法进行学习，学生接受任务之后，要迅速进入角色，积极投入任务中，完成任务时按照完整行动思维模式的资讯、计划、决策、实施、检查、评价六步骤进行，其中资讯（收集相关资讯）是在学的过程中完成的，就是自学和听讲时完成资讯的收集，计划、决策、实施是在做的过程中完成的，检查和评价是在学生讲、论和教师点评的过程中完成的。

### （一）学

学生要学习营销策划相关知识，收集相关资讯。学生可以通过听教师讲解、自学和相互学习等各种方式学习相关知识；通过查阅资料、阅读教材、上网搜索等各种方式收集相关资讯，需注意的是，网上搜索获得的知识要进行真伪辨别。在学习的过程中，学生要学会利用各种工具和方法，开动脑筋创新学习方法。

### （二）做

学生根据教师布置的任务，按照完整行动思维模式的基本步骤完成任务。

促销演练的具体步骤如下：

①计划。制定促销方案。

②决策。选择最优促销方案。

③实施。进行促销演练。

### （三）讲

在自我检查实施步骤和评价实施效果的基础上，各小组派代表上台讲解促销方案的创新之处，反思促销方案的不足之处。

### （四）论

师生共同讨论各个小组促销方案的优点和不足之处，检查促销演练情况，评价促销方案和促销演练的效果。

## 典型工作任务二十四　公关活动策划

公关策划即"公共关系策划"，是公共关系人员根据组织形象现状和目标要求，分析现有条件，谋划并设计公关战略、专题和具体公关活动最佳行动方案的过程。公关策划的目标是组织通过公共关系策划和实施想要达到的理想形象状态和标准。

公关策划的核心是解决以下三个问题：一是如何寻求传播沟通的内容和公众易于接受的方式；二是如何提高传播沟通的效能；三是如何完备公关工作体系。

## 一、任务说明

### （一）任务情境

为了提高企业的知名度，取得更多消费者的支持，公司决定策划一次公关活动。

## （二）任务目标

### 1.德育目标

培养学生尊重他人、与人和平相处的价值观，树立人与人交往需要建立良好人际关系的理念。

实现路径：通过教导学生公共关系的核心是处理好与企业相关各方的关系，培养学生尊重他人、与人和平相处的价值观，树立人与人交往需要建立良好人际关系的理念。

### 2.知识技能目标

加深学生对公共关系学的理解，学会运用所学知识进行公关活动策划。

实现路径：通过自学和听教师讲解学习公共关系相关知识，通过为模拟公司策划一次公关活动学会运用所学知识进行公关策划。

### 3. "三创"教育目标

培养学生的创造、创新、创业思维与能力。

实现路径：通过引导学生发挥创造性思维，用创业思维策划一次有一定创新性的公关活动，培养学生的创造、创新、创业思维与能力。

### 4.过程与方法目标

①激发学生的社会属性，提高学生理论联系实际的能力。

②激发学生的学习兴趣和热情，培养学生的组织能力、协作能力和团队精神。

实现路径：

①通过半游戏化的模拟实践活动激发学生的学习兴趣和热情。

②通过创设社会工作情境和氛围激发学生的社会属性。

③为模拟公司策划一次公关活动，巩固所学的公关策划知识，提高学生理论联系实际的能力。

④通过学生独立组织合作完成任务，培养学生的组织能力、协作能力和团队精神。

## （三）任务内容

结合模拟公司情况做一次公关活动策划，撰写策划案并讲解。

## （四）任务要求与要点

### 1.任务要求

精心策划公关活动，认真讲解公关活动策划方案。

### 2.任务要点

公关工作的最终目的是维护好与企业相关各方的关系，树立良好的企业形象。

**（五）考核指标**

1.德育指标

公关活动策划中是否包含服务社会的理念，是否注重人际关系的维护。

2.知识技能指标

①是否掌握公关活动策划的相关知识。

②是否能够恰到好处地运用相关知识进行公关活动策划。

3."三创"教育指标

公关活动策划是否有所创新，公关活动是否体现了创造性思维和创业意识。

4.过程与方法指标

工作过程是否严谨，是否体现了团队精神和协作意识，方法是否得当，活动是否组织得有条不紊。

5.量化指标

①公关活动策划是否规范。

②公关活动策划是否符合真诚原则。

**（六）任务评分标准**

此项任务评分重点关注以下两点：

①公关活动策划方案的质量。

②策划案的展示情况。

**（七）相关表格**

公关活动策划SOP（标准作业程序）表

| 项目 | 内容 |
| --- | --- |
| 主题 | |
| 缘起 | |
| 目的 | |
| 负责人 | |
| 协助 | |
| 执行 | |
| KPI（关键绩效指标）要求 | |
| 实践 | |
| 相关页面 | |

续 表

| 项目 | 内容 |
|------|------|
| 亮点 | |
| 难点 | |
| 复用部分 | |
| 总结 | |

## 二、教师的教学过程

教师按照"讲、做、导、评"四字教学法进行教学，即先讲理论知识和工作技巧，之后做示范，然后辅导学生学习和完成任务，最后对学生学习和完成任务情况做点评。

在基于工作过程的德技创融合模拟实践教学中，教师要把任务向学生描述清楚，营造学习氛围和创设情境是任课教师的重点工作。

### （一）讲

1.讲相关的基础知识和成功案例

教师除了讲解公关活动策划的基础知识，还要至少讲一个公关活动策划成功的案例。

2.描述任务

任务描述要清晰明了、引人入胜，要求教师讲清楚学生该做什么，怎么做，最后的成果是什么。

**任务描述表**

| 任务名称 | 做什么 | 怎么做 | 成果 |
|---------|--------|--------|------|
| 公关活动策划 | 策划一次公关活动 | 策划一次公关活动，撰写一份公关活动策划书 | 公关活动策划书 |
| 任务说明：公关活动策划要体现真诚友好原则 | | | |

### （二）做

1.营造氛围

模拟实践教学要具有一定的学习氛围才会收到好的学习效果，所以教师在每次布置任务之前要做好思想动员和心理暗示，营造良好的学习氛围，让学生进入

任务状态，感觉就是在做一项真实的工作。

2.情境创设

在模拟实践教学中，教师要为学生创设尽量接近现实的情境。情境的创设包括三方面的内容：一是事件假设；二是角色设定；三是场景创设。

情境创设表

| 事件假设 | 角色设定 | 场景创设 |
| --- | --- | --- |
| 为了提高企业形象，公司决定策划一次大型公关活动 | 学生是公司公关活动的策划者 | 创设公关活动策划的场景 |

3.做示范

教师可以自己策划一个公关活动，给学生讲解策划内容和策划过程，把自己撰写的公关活动策划书提供给学生作参考，也可以给学生提供一个优秀的公关活动策划作为参考资料，但是，要求学生不能照搬和机械模仿。

（三）导

在学生开始"工作"时，教师和实践教学辅导老师要认真引导、指导和辅导学生更好地完成任务。

（四）评

教师要对学生完成任务的过程和成果进行总结与点评，指出学生做得好的地方和存在的不足，并对不足之处提出改进意见。

本次任务教师点评的要点如下：

公关活动策划是否完整且可行。

## 三、学生的学习过程

学生按照"学、做、讲、论"四字学习法进行学习，学生接受任务之后，要迅速进入角色，积极投入任务中，完成任务时按照完整行动思维模式的资讯、计划、决策、实施、检查、评价六步骤进行，其中资讯（收集相关资讯）是在学的过程中完成的，就是自学和听讲时完成资讯的收集，计划、决策、实施是在做的过程中完成的，检查和评价是在学生讲、论和教师点评的过程中完成的。

（一）学

学生要学习公关活动策划相关知识，收集相关资讯。学生可以通过听教师讲解、自学和相互学习等各种方式学习相关知识；可以通过查阅资料、阅读教材、上网搜索等各种方式收集相关资讯，需注意的是，网上搜索获得的知识要进行真伪辨别。在学习的过程中，学生要学会利用各种工具和方法，开动脑筋创新学习方法。

**（二）做**

学生根据教师布置的任务，按照完整行动思维模式的基本步骤完成任务。

公关活动策划的具体步骤如下：

①计划。制订公关活动实施计划。

②决策。选择最优计划。

③实施。撰写公关活动策划书，执行计划。

**（三）讲**

在自我检查实施步骤和评价实施效果的基础上，各小组派代表上台宣读自己的公关活动策划书，讲解公关活动的创新之处，分享公关活动策划的过程、心得和体会。

**（四）论**

师生共同讨论和点评公关活动策划任务的完成情况，共同检查实施步骤是否规范，共同评价公关活动策划效果。

# 典型工作任务二十五　制定渠道策略

渠道战略也称营销渠道策略，是营销系统的重要组成部分，对降低企业成本和提高企业竞争力具有重要意义。

## 一、任务说明

**（一）任务情境**

公司为了更好地销售产品、规范经销商管理工作，现要求公司销售部制定和完善公司的渠道策略。

**（二）任务目标**

1.德育目标

树立正确的利益观，引导学生正确对待利与义的关系。

实现路径：通过讲解儒家思想中的重义轻利的观点和笔者提出的利益平衡理论，使学生正确对待利与义的关系，树立正确的价值观。

2.知识技能目标

巩固所学的渠道策略相关知识，加深学生对渠道策略的理解；学生能学会制定渠道策略的方法，能胜任制定渠道策略工作。

实现路径：通过自学和教师讲解学习制定渠道策略的相关知识，通过为模拟公司制定渠道策略加深对渠道策略的理解，使学生学会制定渠道策略的方法，并能胜任此工作。

3."三创"教育目标

培养学生的创新、创造、创业思维和能力。

实现路径：通过引导学生发挥创造性思维，用创业思维制定渠道策略，撰写一份具有一定创新性的渠道策划书，培养学生的创造、创新、创业思维与能力。

4.过程与方法目标

①激发学生的社会属性，提高学生理论联系实际的能力。

②激发学生的学习兴趣和热情，培养学生的组织能力、协作能力和团队精神。

实现路径：

①通过半游戏化的模拟实践活动激发学生的学习兴趣和热情。

②通过创设社会工作情境和氛围激发学生的社会属性。

③运用理论知识为模拟公司制定渠道策略，巩固所学的渠道策略相关知识，提高学生理论联系实际的能力。

④通过学生独立组织合作完成任务，培养学生的组织能力、协作能力和团队精神。

**（三）任务内容**

每一家模拟公司根据自己的产品或服务特征制定一个渠道策略。

**（四）任务要求与要点**

1.任务要求

形成书面的渠道策划书，上讲台宣讲公司的渠道策略。

2.任务要点

渠道策略的要点是掌握好制造商与经销商之间的利益平衡。

**（五）考核指标**

1.德育指标

制定渠道策略时，是否懂得让利于经销商。

2.知识技能指标

是否理解了利益平衡理论，是否制定出了较好的渠道策略。

3."三创"教育指标

渠道策略是否有创新性，是否体现了创造性思维和创业意识。

4.过程与方法指标

①是否发挥了团队的作用，是否有明确的分工合作。

②是否把理论知识合理运用到了实际工作当中。

③工作过程是否规范，方法是否得当。

5.量化指标

①渠道策略中的利益分配是否合理。

②渠道策略中的经销商数量是否合理。

## （六）任务评分标准

此项任务评分重点关注以下两点：

①渠道策划书的质量，渠道策略的可操作性。

②各小组讲解渠道策略时的宣讲和答辩情况。

## （七）相关表格

### 渠道成员登记表

| 经销商编号 | | | | 归档编号 | | |
|---|---|---|---|---|---|---|
| 基本资料 | 公司全称 | | | 公司成立时间 | | |
| | 联系电话 | | 传真 | | 电子邮箱 | |
| | 营业地址 | | | | 邮编 | |
| | 收货地址 | | | | 联系人 | |
| 资信情况 | 上级主管部门 | | | 税号 | | |
| | 开户行 | | | 账号 | | |
| | 经营性质 | | 注册资金 | | 固定资产 | |
| | 流动资金 | | | 可用资金 | | |
| 人员情况 | 公司法人 | | 性别 | | 联系电话 | |
| | 总经理 | | 性别 | | 联系电话 | |
| | 主要联系人 | | 性别 | | 联系电话 | |
| | 公司总人数 | | 管理人员数 | | 财务人员数 | |
| | 销售人员人数 | | 技术人员数 | | 服务人员数 | |

续　表

| | | |
|---|---|---|
| 经营情况 | 现主营产品与营业额比例 | |
| | 经营方式 | |
| | 主要客户群体 | |
| | 主要销售区域（含分销区域） | |
| | 店面地址 | |

## 二、教师的教学过程

教师按照"讲、做、导、评"四字教学法进行教学，即先讲理论知识和工作技巧，之后做示范，然后辅导学生学习和完成任务，最后对学生学习和完成任务情况做点评。

在基于工作过程的德技创融合模拟实践教学中，教师要把任务向学生描述清楚，营造学习氛围和创设情境是任课教师的重点工作。

### （一）讲

1.讲相关的基础知识和成功案例

教师除了讲解渠道策略的基础知识，还要至少讲一个制造商与经销商精诚合作的成功案例。

2.描述任务

任务描述要清晰明了、引人入胜，要求教师讲清楚学生该做什么，怎么做，最后的成果是什么。

任务描述表

| 任务名称 | 做什么 | 怎么做 | 成果 |
|---|---|---|---|
| 制定渠道策略 | 为公司制定渠道策略 | 在充分考虑各方利益的基础上，结合产品特点制定公司的渠道策略 | 渠道策略书 |
| 任务说明：制定渠道策略的关键是协调好各方的利益 | | | |

### （二）做

1.营造氛围

模拟实践教学要具有一定的学习氛围才会收到好的学习效果，所以教师在每次布置任务之前要做好思想动员和心理暗示，营造良好的学习氛围，让学生进入

任务状态，感觉就是在做一项真实的工作。

### 2.情境创设

在模拟实践教学中，教师要为学生创设尽量接近现实的情境。情境的创设包括三方面的内容：一是事件假设；二是角色设定；三是场景创设。

**情境创设表**

| 事件假设 | 角色设定 | 场景创设 |
|---|---|---|
| 公司为了更好地销售产品、规范经销商管理工作，现要求公司销售部制定和完善公司的渠道策略 | 学生是销售部负责渠道策划的员工 | 创设制定渠道策略的场景 |

### 3.做示范

教师可以为某个公司制定一个渠道策略，把策划内容和策划过程展示给学生，并把自己撰写的渠道策划书提供给学生做参考。教师也可以给学生提供一个优秀的渠道策划案例，学生在学习和撰写渠道策划书时可以把教师提供的优秀渠道策划案例作为参考资料。但是，教师应提醒学生资料只能作为参考不能照搬和机械模仿。

### （三）导

在学生开始"工作"时，教师和实践教学辅导老师要认真引导、指导和辅导学生更好地完成任务。

### （四）评

教师要对学生完成任务的过程和成果进行总结与点评，指出学生做得好的地方和存在的不足，并对不足之处提出改进意见。

本次任务教师点评的要点如下：

①各小组所制定的渠道策略的优点。

②各小组所制定的渠道策略的不足之处。

③合理化建议。

## 三、学生的学习过程

学生按照"学、做、讲、论"四字学习法进行学习，学生接受任务之后，要迅速进入角色，积极投入任务中，完成任务时按照完整行动思维模式的资讯、计划、决策、实施、检查、评价六步骤进行，其中资讯（收集相关资讯）是在学的过程中完成的，就是自学和听讲时完成资讯的收集，计划、决策、实施是在做的过程中完成的，检查和评价是在学生讲、论和教师点评的过程中完成的。

### （一）学

学生要学习渠道策略相关知识，收集相关资讯。学生可以通过听教师讲解、自学和相互学习等各种方式学习相关知识；可以通过查阅资料、阅读教材、上网搜索等各种方式收集相关资讯，需注意的是，网上搜索获得的知识要进行真伪辨别。在学习的过程中，学生要学会利用各种工具和方法，开动脑筋创新学习方法。

### （二）做

学生根据教师布置的任务，按照完整行动思维模式的基本步骤完成任务。

制定渠道策略的具体步骤如下：

①计划。制订实施计划。

②决策。选择最优计划。

③实施。执行计划，制定渠道策略。

### （三）讲

在自我检查实施步骤和评价实施效果的基础上，各小组派代表上台宣读自己的渠道策划书，讲解渠道策划的创新之处，分享渠道策划的过程、心得和体会。

### （四）论

师生共同讨论和点评制定渠道策略任务的完成情况，共同检查实施步骤是否规范，共同评价渠道策略的效果。

## 典型工作任务二十六　营销策划

营销策划是根据企业的营销目标，以满足消费者需求和欲望为核心，通过设计和规划企业产品、服务、创意、价格、渠道、促销，从而实现个人和组织的交换过程的行为。

现代管理学将营销策划分为市场细分、产品创新、营销战略设计及营销组合等四个方面的内容。

本次营销策划任务主要针对营销战略设计及营销组合两个方面，策划内容包含营销战略、战术和营销组合。

## 一、任务说明

### （一）任务情境

公司高层决定系统地进行一次公司营销策划，并把这项工作交给了营销部，要求近期撰写好营销策划书。

**（二）任务目标**

1.德育目标

引导学生树立大局观。

实现路径：通过引导学生在做营销策划时要考虑社会效益和环境保护问题，使学生树立大局观。

2.知识技能目标

①学习营销策划的相关知识，加深学生对营销策划的理解。

②学会营销策划方法，学生能胜任营销策划工作。

实现路径：通过自学和教师讲解学习营销策划的相关知识，学生通过为模拟公司做营销策划加深对营销策划的理解，学会做营销策划的方法，能胜任营销策划的工作。

3."三创"教育目标

培养学生的创新、创造、创业思维和能力。

实现路径：通过引导学生发挥创造性思维，用创业思维为模拟公司做营销策划，培养学生的创造、创新、创业思维与能力。

4.过程与方法目标

①激发学生的社会属性，提高学生理论联系实际的能力。

②激发学生的学习兴趣和热情，提高学生的学习能力，培养学生的组织能力、协作能力和团队精神。

实现路径：

①通过半游戏化的模拟实践活动激发学生的学习兴趣和热情。

②通过创设社会工作情境和氛围激发学生的社会属性。

③运用理论知识为模拟公司做营销策划，巩固所学的营销策划相关知识，提高学生理论联系实际的能力。

④通过学生独立组织合作完成任务，培养学生的组织能力、协作能力和团队精神。

**（三）任务内容**

为模拟公司做一份完整的营销策划书，学生在课堂上分组宣读模拟公司的营销策划书。

## （四）任务要求与要点

### 1.任务要求

全员参与策划活动，结合模拟公司实际撰写一份系统的营销策划书，策划书中要包含营销战略、战术和多种营销组合。

### 2.任务要点

系统复习营销知识，把所学知识融会贯通，撰写出优秀的营销策划书。

## （五）考核指标

### 1.德育指标

营销策划书是否体现了大局观。

### 2.知识技能指标

①对营销知识的理解程度。

②对营销策划技能的掌握情况。

### 3."三创"教育指标

①营销策划是否有所创新。

②营销策划书中是否体现了创造性思维和创业意识。

### 4.过程与方法指标

①是否发挥了团队的作用，是否有明确的分工合作。

②是否把理论知识合理运用到了实际工作当中。

③工作过程是否规范，方法是否得当。

### 5.量化指标

策划书涉及了多少营销知识点。

## （六）任务评分标准

此项任务评分重点关注以下两点：

①营销策划书的质量及可操作性。

②各小组营销策划书的宣讲和答辩情况。

## （七）相关表格

### 市场营销策划书评分表

| 产品、服务的介绍与描述（占20%） | 逻辑性差，语言生硬，不能清晰地阐述产品与服务情况（7分以下） | 有一定的逻辑性，语言表达准确，能比较清晰地阐述产品和服务情况（8~14分） | 逻辑性强，语言表达准确生动，层次分明，能够清晰地介绍产品与服务情况（15~20分） |
|---|---|---|---|
| | | | |

| | | | | |
|---|---|---|---|---|
| 市场调查与分析（占20%） | 市场调查方法运用不得当，市场需求确定基本准确，市场预测不合理（5分以下） | 市场调查方法运用得当，市场需求确定较准确，市场预测较合理（5~9分） | 市场调查方法运用得当，市场需求确定准确，市场预测合理（10~15分） | 市场调查方法运用得当，市场需求确定准确合理，市场预测合理、可信度高（16~20分） |
| | | | | |
| 策划创意的创新性（占15%） | 策划创意一般，可行性低（6分以下） | 策划创意较独特，可行性不高（6~10分） | | 策划创意独特，可行性高（11~15分） |
| | | | | |
| 经营策略（占35%） | 经营策略阐述及依据分析（占10%） | 能比较清晰地阐述经营策略，制定经营策略的依据不充分，应用专业知识较少（4分以下） | 能比较清晰地阐述经营策略，制定经营策略的依据较充分，应用专业知识较多（4~6分） | 能比较清晰地阐述经营策略，制定经营策略的依据充分，应用专业知识多（7~10分） |
| | 经营策略可行性分析及预期效果（占25%） | 经营策略可操作性低，不能准确说出预期效果，运用专业知识较少（7分以下） | 经营策略可操作性较强，能说出预期效果，运用专业知识较少（7~14分）；经营策略可操作性强，能说出预期效果，运用专业知识较多（15~20分） | 经营策略可操作性强，能准确预测预期效果，运用专业知识多（21~25分） |
| | | | | |
| 投资回报率（占10%） | 测算了投资回报率，不过测算的投资回报率不高（4分以下） | 测算了投资回报率，测算的投资回报率较高（4~6分） | | 测算了投资回报率，且测算的投资回报率高（7~10分） |
| | | | | |
| 总分 | | | | |

# 二、教师的教学过程

教师按照"讲、做、导、评"四字教学法进行教学，即先讲理论知识和工作

技巧，之后做示范，然后辅导学生学习和完成任务，最后对学生学习和完成任务情况做点评。

在基于工作过程的德技创融合模拟实践教学中，教师要把任务向学生描述清楚，营造学习氛围和创设情境是任课教师的重点工作。

**（一）讲**

1.讲相关的基础知识和成功案例

教师除了讲解营销策划的基础知识，还要至少讲一个营销策划成功的案例。

2.描述任务

任务描述要清晰明了、引人入胜，要求教师讲清楚学生该做什么，怎么做，最后的成果是什么。

**任务描述表**

| 任务名称 | 做什么 | 怎么做 | 成果 |
|---|---|---|---|
| 营销策划 | 做营销策划，撰写策划书 | 小组集体开展市场调研，为公司做营销策划，撰写营销策划书 | 营销策划书 |
| 任务说明：可以做营销策划，也可以选做营销战略策划 | | | |

**（二）做**

1.营造氛围

模拟实践教学要具有一定的学习氛围才会收到好的学习效果，所以教师在每次布置任务之前要做好思想动员和心理暗示，营造良好的学习氛围，让学生进入任务状态，感觉就是在做一项真实的工作。

2.情境创设

在模拟实践教学中，教师要为学生创设尽量接近现实的情境。情境的创设包括三方面的内容：一是事件假设；二是角色设定；三是场景创设。

**情境创设表**

| 事件假设 | 角色设定 | 场景创设 |
|---|---|---|
| 公司高层决定系统地进行一次公司营销策划，并把这项工作交给了营销部，要求其近期撰写好营销策划书 | 学生是公司营销部负责营销策划的员工 | 创设开展营销策划的场景 |

3.做示范

教师可以为某个公司做一次营销策划并撰写营销策划书，把策划内容和策划过程展示给学生，并把自己撰写的营销策划书提供给学生作参考，也可以给学生提供一个优秀的营销策划案例作为参考资料。但教师应提醒学生资料只能作为参考不能照搬和机械模仿。

**（三）导**

在学生开始"工作"时，教师和实践教学辅导老师要认真引导、指导和辅导学生更好地完成任务。

**（四）评**

教师要对学生完成任务的过程和成果进行总结与点评，指出学生做得好的地方和存在的不足，并对不足之处提出改进意见。

本次任务教师点评的要点如下：

①各小组所做营销策划的优点。

②各小组所做营销策划的不足之处。

③合理化建议。

## 三、学生的学习过程

学生按照"学、做、讲、论"四字学习法进行学习，学生接受任务之后，要迅速进入角色，积极投入任务中，完成任务时按照完整行动思维模式的资讯、计划、决策、实施、检查、评价六步骤进行，其中资讯（收集相关资讯）是在学的过程中完成的，就是自学和听讲时完成资讯的收集，计划、决策、实施是在做的过程中完成的，检查和评价是在学生讲、论和教师点评的过程中完成的。

**（一）学**

学生要学习营销策划相关知识，收集相关资讯。学生可以通过听教师讲解、自学和相互学习等各种方式学习相关知识；可以通过查阅资料、阅读教材、上网搜索等各种方式收集相关资讯，需注意的是，网上搜索获得的知识要进行真伪辨别。在学习的过程中，学生要学会利用各种工具和方法，开动脑筋创新学习方法。

**（二）做**

学生根据教师布置的任务，按照完整行动思维模式的基本步骤完成任务。

营销策划的具体步骤如下：

①计划。制订营销策划实施计划。

②决策。选择最优计划。

③实施。执行计划，进行营销策划并撰写策划书。

（三）讲

在自我检查实施步骤和评价实施效果的基础上，各小组派代表上台宣读营销策划书，讲解其营销策划的创新之处，分享营销策划的过程、心得和体会。

（四）论

师生共同互相讨论和点评营销策划工作的完成情况，共同检查实施步骤是否规范，共同评价各小组营销策划书的质量和可操作性。

# 典型工作任务二十七　进行商务谈判

模拟商务谈判包括谈判和签约两个环节。因此，本任务由两个子任务组成：一是谈判；二是签约。谈判要按照谈判礼仪进行，签约也要按照签约礼仪完成。

## 子任务一　谈判

模拟公司可以在班级内自由选择谈判对象进行商务谈判，商务谈判的内容可以自由选定，如果谈判成功可进入签约环节。

# 一、任务说明

## （一）任务情境

模拟公司与另一家公司有一项合作，现在进入商务谈判环节。

## （二）任务目标

1.德育目标

培养学生诚实守信精神和合作共赢思想。

实现路径：通过教导学生真诚和信任才会有长久可靠的合作，共赢的合作才是稳定的合作，培养学生诚实守信精神和合作共赢思想。

2.知识技能目标

使学生了解商务谈判的基本知识和礼仪，培养学生的沟通能力。

实现路径：

①通过自学和听教师讲解使学生了解商务谈判的基本知识和礼仪。

②通过模拟商务谈判培养学生的沟通能力。

3."三创"教育目标

培养学生的创新、创造、创业思维和能力。

实现路径：通过引导学生发挥创造性思维，用创业思维进行商务谈判，策划一次有一定创新性的商务谈判活动，培养学生的创造、创新、创业思维与能力。

4.过程与方法目标

①激发学生的社会属性，提高学生理论联系实际的能力。

②激发学生的学习兴趣和热情，培养学生的组织能力、协作能力和团队精神。

实现路径：

①通过半游戏化的模拟实践活动激发学生的学习兴趣和热情。

②通过创设社会工作情境和氛围激发学生的社会属性。

③运用理论知识模拟商务谈判活动，巩固所学的商务谈判相关知识，提高学生理论联系实际的能力。

④通过学生独立组织合作完成任务培养学生的组织能力、协作能力和团队精神。

**（三）任务内容**

找到一家公司达成某项合作意向，双方进行商务谈判。

**（四）任务要求与要点**

1.任务要求

每家模拟公司至少进行一次成功的谈判，允许和多家公司谈判。

2.任务要点

谈判成功的关键是能够满足谈判双方各自的需求，合作的前提是双方受益。

**（五）考核指标**

1.德育指标

①谈判时是否遵守诚实守信原则。

②谈判时是否换位思考，是否顾及对方的利益。

2.知识技能指标

①是否掌握了商务谈判的流程和礼仪等相关知识。

②是否提高了语言表达能力和沟通能力。

3."三创"教育指标

整个商务谈判过程是否有所创新，是否体现了创造性思维和创业意识。

4.过程与方法指标

①是否发挥了团队的作用。

②是否有明确的分工合作。

③是否把理论知识合理运用到了实际工作当中。

④工作过程是否规范，方法是否得当。

5.量化指标

①共与几家公司开展了谈判，谈判成功率是多少。

②谈判达成了多少共识，如是交易谈判，达成的交易额是多少。

**（六）任务评分标准**

此项任务评分重点关注以下两点：

①谈判过程是否遵守了商务谈判的礼仪，谈判时是否考虑了对方的利益。

②谈判准备是否充分，谈判过后有没有回访对方。

**（七）相关表格**

谈判准备表

| 目标 | | | | | | | |
|---|---|---|---|---|---|---|---|
| 谈判项目 | 优选项 | | 选择项 | 范围 | | | |
| | 我方 | 对方 | | 最好 | 最差 | 我方目标 | 对方目标 |
| | | | | | | | |
| | | | | | | | |
| | | | | | | | |
| | | | | | | | |

谈判方案

| 谈判方 | 甲方： | 乙方： |
|---|---|---|
| 谈判主题 | | |
| 谈判地点 | | |
| 谈判期限 | | |
| 我方人员组成 | | |
| 他方人员组成 | | |
| 谈判目标 | | |

| | 谈判议程 | |
|---|---|---|
| 谈判策略 | 谈判开始阶段 | |
| | 谈判过程中 | |
| | 谈判结束阶段 | |
| | 谈判后期 | |
| | 汇报制度 | |

**谈判目标及目标完成的支持因素分析**

| 我方的谈判主题 | | | | | | | | |
|---|---|---|---|---|---|---|---|---|
| 谈判目标 | 我方 | | | | 对方 | | | |
| | 实际需求目标 | 最优期望目标 | 最低限度目标 | 可接受目标 | 实际需求目标 | 最优期望目标 | 最低限度目标 | 可接受目标 |
| | | | | | | | | |
| | | | | | | | | |
| | | | | | | | | |
| | | | | | | | | |
| 目标完成的支持因素 | 我方优势 | | 我方劣势 | | 对方优势 | | 对方劣势 | |
| | | | | | | | | |

**谈判目标的优化**

| 谈判主题 | | | | | | |
|---|---|---|---|---|---|---|
| 谈判目标 | 排序 | 我方 | | | 对方 | |
| | | 实际需求目标 | 与其他目标的连带关系 | 合法性及合理性判断 | 实际需求目标 | 与其他目标的连带关系 |
| | 1 | | | | | |
| | 2 | | | | | |
| | 3 | | | | | |
| | 4 | | | | | |

## 二、教师的教学过程

教师按照"讲、做、导、评"四字教学法进行教学，即先讲理论知识和工作

技巧，之后做示范，然后辅导学生学习和完成任务，最后对学生学习和完成任务情况做点评。

在基于工作过程的德技创融合模拟实践教学中，教师要把任务向学生描述清楚，营造学习氛围和创设情境是任课教师的重点工作。

**（一）讲**

1.讲相关的基础知识和成功案例

教师除了讲解谈判的基础知识，还要至少讲一个谈判成功的案例。

2.描述任务

任务描述要清晰明了、引人入胜，要求教师讲清楚学生该做什么，怎么做，最后的成果是什么。

**任务描述表**

| 任务名称 | 做什么 | 怎么做 | 成果 |
|---|---|---|---|
| 商务谈判 | 代表本公司找一家有业务往来的公司进行商务谈判 | 结合本公司的业务，与其他公司进行初步协商，就某一商业项目或买卖达成初步意向，之后双方进行谈判 | 达成合作意向，确定基本合作条款 |
| 任务说明：此次任务包括谈判前的准备工作和谈判过程 | | | |

**（二）做**

1.营造氛围

模拟实践教学要具有一定的学习氛围才会收到好的学习效果，所以教师在每次布置任务之前要做好思想动员和心理暗示，营造良好的学习氛围，让学生进入任务状态，感觉就是在做一项真实的工作。

2.情境创设

在模拟实践教学中，教师要为学生创设尽量接近现实的情境。情境的创设包括三方面的内容：一是事件假设；二是角色设定；三是场景创设。

**情境创设表**

| 事件假设 | 角色设定 | 场景创设 |
|---|---|---|
| 双方经过前期磋商，已经就某一项目达成合作意向，现要经过正式谈判确定 | 学生是公司负责谈判前期准备工作和开展谈判的人员 | 创设商务谈判的场景 |

3.做示范

教师可以做一份谈判方案给学生作参考，也可以播放一段商务谈判或学生模拟谈判的视频供学生观看。

### （三）导

教师和实践教学辅导老师要认真引导、指导和辅导学生更好地完成商务谈判。

### （四）评

教师要对学生完成任务的过程和成果进行总结与点评，指出学生做得好的地方和存在的不足，并对不足之处提出改进意见。

本次任务教师点评的要点如下：

①谈判的准备工作是否充分。

②谈判时有没有换位思考。

③谈判中是否注重礼仪。

## 三、学生的学习过程

学生按照"学、做、讲、论"四字学习法进行学习，学生接受任务之后，要迅速进入角色，积极投入任务中，完成任务时按照完整行动思维模式的资讯、计划、决策、实施、检查、评价六步骤进行，其中资讯（收集相关资讯）是在学的过程中完成的，就是自学和听讲时完成资讯的收集，计划、决策、实施是在做的过程中完成的，检查和评价是在学生讲、论和教师点评的过程中完成的。

### （一）学

学生要学习商务谈判相关知识，收集相关资讯。学生可以通过听教师讲解、自学和相互学习等各种方式学习相关知识；可以通过查阅资料、阅读教材、上网搜索等各种方式收集相关资讯，需注意的是，网上搜索获得的知识要进行真伪辨别。在学习的过程中，学生要学会利用各种工具和方法，开动脑筋创新学习方法。

### （二）做

学生根据教师布置的任务，按照完整行动思维模式的基本步骤完成任务。

进行商务谈判的具体步骤如下：

①计划。制订谈判计划。

②决策。选择最优计划。

③实施。执行计划。

### （三）讲

谈判结束后，在自我检查实施步骤和评价实施效果的基础上，各小组派代表上台分享此次谈判的经验、心得和体会。

### （四）论

师生共同互相讨论和点评商务谈判任务的完成情况，共同检查谈判步骤是否规范，共同评价商务谈判的效果。

## 子任务二　签约

谈判成功达成合作意向的两家公司，要举行一次签约仪式。双方协商起草一份协议，做一份签约方案，然后举行签约仪式。

# 一、任务说明

### （一）任务情境

双方经过谈判达成共识，现在决定举行一次签约仪式，公司要为签约做好准备，并举办一个签约仪式。

### （二）任务目标

1.德育目标

培养学生谦虚谨慎、尊重他人的美德。

实现路径：通过模拟签约的礼仪和程序，培养学生谦虚谨慎、尊重他人的美德。

2.知识技能目标

使学生掌握签约的礼仪和程序，学会起草合作协议或合同，培养合作意识，锻炼学生的沟通交流能力。

实现路径：通过自学和教师讲解学习签约的相关知识，通过起草合作协议或合同并模拟签约，加深对签约仪式的理解，使学生学会起草合作协议和签约。

3."三创"教育目标

培养学生的创新、创造、创业思维和能力。

实现路径：通过引导学生发挥创造性思维进行签约筹划，策划一次有一定创新性的签约活动，培养学生的创造、创新、创业思维与能力。

4.过程与方法目标

①激发学生的社会属性，提高学生理论联系实际的能力。

②激发学生的学习兴趣和热情，培养学生的组织能力、协作能力和团队精神。

实现路径：

①通过半游戏化的模拟签约活动激发学生的学习兴趣和热情。

②通过创设签约情境和氛围激发学生的社会属性。

③运用理论知识起草合作协议，巩固所学的签约知识，提高学生理论联系实际的能力。

④通过学生独立组织合作完成任务培养学生的组织能力、协作能力和团队精神。

### （三）任务内容

起草合作协议，举办签约仪式，签订合作协议。

### （四）任务要求与要点

1.任务要求

按照商务礼仪的要求举办签约仪式，过程要规范且体现礼仪的重要性。

2.任务要点

①签约前的准备工作要充分。

②签约时要合乎礼仪。

### （五）考核指标

1.德育指标

拟定的协议是否体现了合作共赢的理念，签约过程是否尊重对方。

2.知识技能指标

拟定的协议是否规范，签约仪式是否正规并符合礼仪要求。

3."三创"教育指标

签约仪式是否有所创新，活动中是否体现了创造性思维和创业意识。

4.过程与方法指标

①是否发挥了团队的作用，是否有明确的分工合作。

②是否把理论知识合理运用到实际工作当中。

③签约过程是否规范，方法是否得当。

5.量化指标

①签约准备工作是否具体周到、无遗漏。

②签约过程是否完整、无缺失。

### （六）任务评分标准

此项任务评分重点关注以下两点：

①拟定和签订的合作协议是否规范。

②在签约过程中签约各方的表现如何。

## （七）相关表格

### 项目签约登记表

年　　月　　日

| 基本信息 | 单位名称 | | | | | |
|---|---|---|---|---|---|---|
| | 联系人 | | 联系电话 | | 电子邮箱 | |
| | 通信地址 | | | | 邮编 | |
| 项目情况 | 项目名称 | | | 项目负责人 | | |
| | 项目来源 | | | | | |
| | 所属行业 | | | | | |
| | 项目阶段 | | | | | |
| | 合作方式 | | | | | |
| | 合作方拟投入资金（人民币） | | | | | |
| | 项目简介： | | | | | |
| | 项目拟签约单位 | | | | | |

## 二、教师的教学过程

教师按照"讲、做、导、评"四字教学法进行教学，即先讲理论知识和工作技巧，之后做示范，然后辅导学生学习和完成任务，最后对学生学习和完成任务情况做点评。

在基于工作过程的德技创融合模拟实践教学中，教师要把任务向学生描述清楚，营造学习氛围和创设情境是任课教师的重点工作。

### （一）讲

1.讲相关的基础知识和成功案例

教师除了讲解签约的基础知识，还要至少讲一个成功签约的案例。

### 2.描述任务

任务描述要清晰明了、引人入胜，要求教师讲清楚学生该做什么，怎么做，最后的成果是什么。

**任务描述表**

| 任务名称 | 做什么 | 怎么做 | 成果 |
|---|---|---|---|
| 签约 | 起草合作协议，与合作方签约 | 起草合作协议，做好签约准备，举办签约仪式 | 签订合作协议 |
| 任务说明：签约可以是合作协议，也可以是购销合同或其他协议 | | | |

### （二）做

#### 1.营造氛围

模拟实践教学要具有一定的学习氛围才会收到好的学习效果，所以教师在每次布置任务之前要做好思想动员和心理暗示，营造良好的学习氛围，让学生进入任务状态，感觉就是在做一项真实的工作。

#### 2.情境创设

在模拟实践教学中，教师要为学生创设尽量接近现实的情境。情境的创设包括三方面的内容：一是事件假设；二是角色设定；三是场景创设。

**情境创设表**

| 事件假设 | 角色设定 | 场景创设 |
|---|---|---|
| 双方经过谈判协商达成一致，计划近期签约 | 学生是公司负责起草协议和签约的员工 | 创设签约的场景 |

#### 3.做示范

教师可以为学生提供一份自己起草的合作协议，也可以为学生提供一份协议模板，或给学生播放一段签约的视频。

### （三）导

在学生开始"工作"时，教师和实践教学辅导老师要认真引导、指导和辅导学生更好地完成任务。

### （四）评

教师要对学生完成任务的过程和成果进行总结与点评，指出学生做得好的地

方和存在的不足，并对不足之处提出改进意见。

本次任务教师点评的要点如下：

①合作协议是否规范。

②签约仪式是否规范。

## 三、学生学习的过程

学生按照"学、做、讲、论"四字学习法进行学习，学生接受任务之后，要迅速进入角色，积极投入任务中，完成任务时按照完整行动思维模式的资讯、计划、决策、实施、检查、评价六步骤进行，其中资讯（收集相关资讯）是在学的过程中完成的，就是自学和听讲时完成资讯的收集，计划、决策、实施是在做的过程中完成的，检查和评价是在学生讲、论和教师点评的过程中完成的。

### （一）学

学生要学习签约的相关知识，收集相关资讯。学生可以通过听教师讲解、自学和相互学习等各种方式学习相关知识；可以通过查阅资料、阅读教材、上网搜索等各种方式收集相关资讯，需注意的是，网上搜索获得的知识要进行真伪辨别。在学习的过程中，学生要学会利用各种工具和方法，开动脑筋创新学习方法。

### （二）做

学生根据教师布置的任务，按照完整行动思维模式的基本步骤完成任务。

签约的具体步骤如下：

①计划。撰写合作协议，制订签约计划。

②决策。选择最优合作协议和签约计划方案。

③实施。签约。

### （三）讲

在自我检查实施步骤和评价实施效果的基础上，各小组派代表上台宣读合作协议或合同，分享签约的心得和体会。

### （四）论

师生共同互相讨论和点评签约任务的完成情况，共同检查实施步骤是否规范，共同评价此项任务实施的效果。

# 典型工作任务二十八　推销产品或服务

模拟推销产品或服务是整个市场营销模拟实践课程的核心内容，包括推销产品、产品答疑、投诉处理、消费者心理分析等环节。本任务要求各模拟公司在班级和邻近班级推销自己的产品或服务，班级里的其他同学和其他模拟公司都是本公司的目标客户或潜在客户。各个公司的销售人员带着自己的产品（虚拟产品）找消费者推销，每谈成一笔生意会获得一定的利润，公司会给销售人员一定的奖励，即一定的分值。确认销售的方式是公司与公司之间签订的合同和公司与个体之间签字确认的购货单。销售环节中允许消费者投诉销售人员，销售人员要处理好消费者投诉。

消费者购买行为分析是在模拟销售的基础上进行的，要实事求是，例如有的消费者或模拟公司购买我公司的产品是为了我们也购买他们的产品，从而实现共赢。互惠互利是商业经营的重要原则。

## 一、任务说明

### （一）任务情境

市场经济条件下，所有商业性企业都需要推销自己的产品或服务。现在，公司要求销售人员加大推销力度，提高公司产品或服务的销售额。

### （二）任务目标

1.德育目标

使学生树立诚信经营的理念。

实现路径：引导学生在销售产品过程中遵守诚实守信的原则，使学生树立诚信经营的理念。

2.知识技能目标

①锻炼学生的客户分析能力，学会运用消费心理学知识分析客户心理。

②锻炼学生的推销能力和处理投诉的能力。

实现路径：

①通过模拟推销产品或服务以及在模拟过程中处理消费者投诉，锻炼学生的推销能力和处理投诉的能力。

②通过销售过程中对消费者心理进行分析，使学生学会运用消费心理学知识分析客户心理，锻炼客户分析能力。

3."三创"教育目标

培养学生的创新、创造、创业思维和能力。

实现路径：通过引导学生发挥创造性思维，站在创业者或管理者的视角去推销产品或服务，站在消费者的立场分析消费者的心理，培养学生的创造、创新、创业思维与能力。

4.过程与方法目标

①激发学生的社会属性，提高学生理论联系实际的能力。

②激发学生的学习兴趣和热情，培养学生的沟通能力、分析能力。

实现路径：

①通过半游戏化的模拟推销产品或服务激发学生的学习兴趣和热情。

②通过创设社会工作情境和氛围在模拟推销过程中使学生处于一种竞争状态，激发学生的社会属性。

③运用所学的营销知识模拟推销产品或服务，巩固所学的销售知识，提高学生理论联系实际的能力。

④通过在模拟销售过程中分析消费者心理和处理消费者投诉，培养学生的沟通能力和分析能力。

（三）任务内容

①模拟推销产品或服务，展示推销过程，处理客户投诉。

②在课堂上讲解分享自己是如何分析消费者心理的。

（四）任务要求与要点

1.任务要求

坚持实事求是，认真分析购买自己产品或服务和不购买自己产品或服务的消费者心理，研究如何推销自己的产品或服务。

2.任务要点

积极参与、认真对待，说服客户购买自己的产品，妥善处理消费者投诉。

（五）考核指标

1.德育指标

在推销过程中是否诚实，不欺瞒顾客。

2.知识技能指标

推销知识和技巧的掌握情况，推销的成效和业绩。

3."三创"教育指标

①推销过程是否有所创新。

②推销产品或服务、处理消费者投诉和分析消费者心理时是否体现了创造性思维和创业意识。

4.过程与方法指标

①是否把推销理论知识合理运用到了模拟推销工作当中，推销方法是否得当。

②在工作过程中被拒绝时的心态如何。

5.量化指标

①是否达成了销售目标，销售产品或服务的业绩如何。

②有多少起投诉，对投诉的处理情况如何。

**（六）任务评分标准**

此项任务评分重点关注以下三点：

①对小组成员的推销业绩和推销技巧应用情况进行评分。

②对销售人员的销售表现和处理投诉情况进行评分。

③撰写消费者心理分析报告的可以适当加分。

**（七）相关表格**

访问客户记录表

| 访问客户 | | | | | 访问结果报告 | 分类 |
|---|---|---|---|---|---|---|
| 客户名 | 访问时间 | 面谈者 | 所属部门 | 电话 | | |
| | | | | | | |
| | | | | | | |
| | | | | | | |
| | | | | | | |
| | | | | | | |
| | | | | | | |
| | | | | | | |

注：客户可以是公司、工厂等单位，也可以是个人。

## 消费者投诉记录表

记录时间：　　　　　　　　　　　　　　　　　　　编号：

| 投诉人姓名 | | 性别 | | 年龄 | |
|---|---|---|---|---|---|
| 住址 | | 联系电话 | | | |
| 投诉事实、理由及请求 | | | | | |
| 投诉处理情况 | | | | | |
| 投诉人对处理结果的反馈意见 | | | | | |
| 公司意见 | | | | | |

## 消费者心理与行为分析表

| 消费者心理 | 消费者心理分析 | 消费者典型行为 | 代表人群 |
|---|---|---|---|
| 实用心理 | 认为产品的实用性是主要的，关心产品的功能，一般会对整个产品进行综合评价 | 对产品进行研究，一般会要求销售人员做详细解说或做产品功能演示 | 家庭主妇和收入较低者 |
| 求廉心理 | 关注价格和实用，不追求新颖；喜欢精打细算，能省则省 | 关注处理产品、折扣产品，经常货比三家和讨价还价 | 农村消费者和低收入者 |
| 安全心理 | 重视安全，关心产品的保质期、安全使用期和安全提示 | 购买产品时会查看产品生产日期和保质期，会向销售人员询问安全问题 | 家庭主妇和少数学者 |
| 从众心理 | 追求时尚，爱赶时髦，不甘落后；亲朋好友都买了的自己也要买 | 购买时会问是不是新款、是不是很流行，对销售人员推荐的新产品、时髦产品会比较感兴趣 | 女性消费者 |
| 新奇心理 | 追求新颖、奇特，对新、奇、特产品的购买欲望较强 | 关注新产品，喜欢购买新奇产品，敢于尝试新产品 | 追求时髦的年轻人 |
| 求名心理 | 为了彰显自己的社会地位和威望，通过购买和使用名牌产品获得社会地位的提升感 | 喜欢购买名牌产品 | 城市青年男女，部分中年男女 |
| 爱美心理 | 喜欢有美感的产品，注重产品外在特征 | 喜欢购买设计新颖、美感十足的产品 | 城市青年女性 |
| 攀比心理 | 买到和使用比别人高档的产品时会有一种自豪感和优越感，而且喜欢这种感觉 | 会购买一些高档产品和时髦的产品 | 青年及中年人 |

221

| 消费者心理 | 消费者心理分析 | 消费者典型行为 | 代表人群 |
|---|---|---|---|
| 偏好心理 | 对某类产品有偏好，会长期关注自己偏爱的产品动向 | 具有经常性和持续性的购买行为，会对偏爱的产品进行研究 | 有某种爱好或特长的人 |
| 自尊心理 | 在购物时需要得到他人的尊重 | 注重销售人员的态度、素质和礼貌，比较排斥不尊重消费者或对消费者冷淡的推销员 | 有一定社会地位的中年人 |

## 二、教师的教学过程

教师按照"讲、做、导、评"四字教学法进行教学，即先讲理论知识和工作技巧，之后做示范，然后辅导学生学习和完成任务，最后对学生学习和完成任务情况做点评。

在基于工作过程的德技创融合模拟实践教学中，教师要把任务向学生描述清楚，营造学习氛围和创设情境是任课教师的重点工作。

### （一）讲

1.讲相关的基础知识和成功案例

教师除了讲解人员推销、投诉处理、消费者购买心理分析等基础知识，还要至少讲一个推销员的成功案例。

2.描述任务

任务描述要清晰明了、引人入胜，要求教师讲清楚学生该做什么，怎么做，最后的成果是什么。

任务描述表

| 任务名称 | 做什么 | 怎么做 | 成果 |
|---|---|---|---|
| 推销产品或服务 | 推销公司产品或服务，完成销售任务 | 寻找客户，推销产品或服务，处理消费者投诉，分析客户心理，提高销售业绩 | 获取订单，完成销售任务 |
| 任务说明：推销产品是一个复杂的过程，包含寻找客户、回访等 | | | |

### （二）做

1.营造氛围

模拟实践教学要具有一定的学习氛围才会收到好的学习效果，所以教师在每次布置任务之前要做好思想动员和心理暗示，营造良好的"工作"氛围，让学生进入任务状态，感觉就是在做一项真实的工作。

**2.情境创设**

在模拟实践教学中，教师要为学生创设尽量接近现实的情境。情境的创设包括三方面的内容：一是事件假设；二是角色设定；三是场景创设。

情境创设表

| 事件假设 | 角色设定 | 场景创设 |
|---|---|---|
| 公司给每位销售人员定了销售任务，销售人员要努力完成销售任务 | 学生是公司的销售人员 | 创设推销产品或服务的场景 |

**3.做示范**

教师可以进行模拟销售产品的示范，或者放一段推销人员推销产品或服务的视频供学生参考。

**（三）导**

在学生开始"推销产品"时，教师和实践教学辅导老师要认真引导、指导和辅导学生更好地完成销售任务。

**（四）评**

教师要对学生完成任务的过程和成果进行总结与点评，指出学生做得好的地方和存在的不足，并对不足之处提出改进意见。

本次任务教师点评的要点如下：

①各小组做的消费者行为分析和讲解情况。

②模拟销售过程中出现的涉及德育的内容。

## 三、学生的学习过程

学生按照"学、做、讲、论"四字学习法进行学习，学生接受任务之后，要迅速进入角色，积极投入任务中，完成任务时按照完整行动思维模式的资讯、计划、决策、实施、检查、评价六步骤进行，其中资讯（收集相关资讯）是在学的过程中完成的，就是自学和听讲时完成资讯的收集，计划、决策、实施是在做的过程中完成的，检查和评价是在学生讲、论和教师点评的过程中完成的。

**（一）学**

学生要学习推销、消费者心理分析和投诉处理相关知识，收集相关资讯。学生可以通过听教师讲解、自学和相互学习等各种方式学习相关知识；可以通过查阅资料、阅读教材、上网搜索等各种方式收集相关资讯，需注意的是，网上搜索获得的知识要进行真伪辨别。在学习的过程中，学生要学会利用各种工具和方法，开动脑筋创新学习方法。

**（二）做**

学生根据教师布置的任务，按照完整行动思维模式的基本步骤完成任务。

推销产品或服务的具体步骤如下：

①计划。制订推销计划。

②决策。选择最优推销计划。

③实施。执行计划，推销产品。

**（三）讲**

在自我检查实施步骤和评价实施效果的基础上，各小组派代表上台讲述推销心得并分享销售经验，讲解如何处理消费者投诉以及如何分析消费者的心理。

**（四）论**

师生共同讨论和点评推销产品或服务任务的完成情况，共同检查实施步骤是否规范，共同评价推销计划的实施效果。

注：各个公司可以依据销售业绩评出销售标兵或销售冠军等，可以依据销售情况评出全班业绩前三强的公司，为销售标兵和销售业绩好的公司颁发证书。

## 典型工作任务二十九　网络销售

网络销售是通过互联网销售产品，实质就是以互联网为工具进行销售。

# 一、任务说明

## （一）任务情境

随着互联网的普及，网络成了人们工作和生活中不可或缺的一部分，网络销售目前已经成了商品销售的重要手段。

## （二）任务目标

1.德育目标

培养学生诚实守信、仁义经商的美德。

实现路径：通过展示不发布虚假信息、不夸大产品宣传等案例，培养学生诚实守信、仁义经商的美德。

2.知识技能目标

使学生掌握网络销售的相关知识，学会在淘宝网等网络销售平台上开网店。

实现路径：通过自学和教师讲授学习网上开店和网络销售知识，使学生学会网上开店。

3."三创"教育目标

培养学生的创新、创造、创业思维和能力。

实现路径：通过指导学生在网上开店，培养学生的创新、创造、创业思维和能力。

4.过程与方法目标

培养学生的自学能力、动手能力和理论联系实际能力。

实现路径：通过指导学生在网上开店，培养学生的自学能力、动手能力和理论联系实际能力。

**（三）任务内容**

学习网络销售知识，开一个淘宝店。

**（四）任务要求与要点**

1.任务要求

每个人开一个淘宝店。

2.任务要点

发挥自学能力，自学在淘宝网上开店。

**（五）考核指标**

1.德育指标

开网店时是否诚实经营、仁义经商。

2.知识技能指标

了解网络销售知识，掌握网上开店流程，学会在淘宝网开店。

3."三创"教育指标

店面设计是否有创新，销售方法是否有创新，开店创业是否成功。

4.过程与方法指标

是否通过自学完成开店。

5.量化指标

①网店产品数量。

②使用其他网络销售手段销售产品的数量。

**（六）任务评分标准**

此项任务评分重点关注以下三点：

①网店设计是否新颖。

②是否采用了其他网络销售手段。

③网店是否盈利。

### （七）相关表格

**网店日常管理表**

| 工作内容 | | 具体内容 | 备注 |
|---|---|---|---|
| 店铺基础 | 数据分析 | 各类经营数据的统计分析 | 每天必做 |
| | 交易管理 | 及时处理订单，发现问题及时解决 | |
| | 纠纷处理 | 做好售后服务，处理好纠纷 | |
| | 客户管理 | 做好客户分类，及时回复客户信息 | |
| | 无线端管理 | 关注无线端，及时解决问题 | |
| | 分销管理 | 及时和分销商沟通交流，按时统计分销数据 | |
| | 重点关注 | 及时解决关键问题 | |
| | 评价监督 | 时刻关注评价，出现问题及时解决 | |
| 活动策划 | 淘宝官方 | 关注淘宝活动，适合自己的及时报名 | 多参与合适的活动 |
| | 第三方 | 选择适合自己的，做好计划和准备 | |
| 引流渠道开拓 | 淘宝直播 | 关注优秀主播并保持合作 | 勤报名，多参与，找规律 |
| | 手机活动 | 及时参与各项活动 | |
| | | 用好宝贝推广位，多渠道推广 | |
| 行业相关 | 电商资讯 | 关注淘宝规则中心、站内信息、淘宝首页、淘宝论坛信息等 | 每天必做 |
| | 行业数据 | 关注热销产品、各大销售平台销售数据等 | |
| | 数据分析和整理 | 对销售数据进行及时整理和分析 | |
| 工作总结 | 日常工作 | 做得好的继续保持，做得不好的及时改进 | 及时总结 |
| | 活动总结 | 对每次活动进行总结，效果好的活动多参加，效果不好的活动可以少参加 | |

## 二、教师的教学过程

教师按照"讲、做、导、评"四字教学法进行教学，即先讲理论知识和工作技巧，之后做示范，然后辅导学生学习和完成任务，最后对学生学习和完成任务情况做点评。

在基于工作过程的德技创融合模拟实践教学中，教师要把任务向学生描述清楚，营造学习氛围和创设情境是任课教师的重点工作。

**（一）讲**

1.讲相关的基础知识和成功案例

教师除了讲解网络营销和淘宝开店的基础知识，还要至少讲一个网络营销成功的案例。

2.描述任务

任务描述要清晰明了、引人入胜，要求教师讲清楚学生该做什么，怎么做，最后的成果是什么。

**任务描述表**

| 任务名称 | 做什么 | 怎么做 | 成果 |
|---|---|---|---|
| 开淘宝店铺 | 在淘宝上开一个网店 | 自学网络营销知识，在淘宝网上开一个店 | 开一家网店 |
| 任务说明：可以在淘宝网开个人网店（免费开店），也可以在其他平台开一家网店 | | | |

**（二）做**

1.营造氛围

模拟实践教学要具有一定的学习氛围才会收到好的学习效果，所以教师在每次布置任务之前要做好思想动员和心理暗示，营造良好的学习氛围，让学生进入任务状态，感觉就是在做一项真实的工作。

2.情境创设

在模拟实践教学中，教师要为学生创设尽量接近现实的情境。情境的创设包括三方面的内容：一是事件假设；二是角色设定；三是场景创设。

**情境创设表**

| 事件假设 | 角色设定 | 场景创设 |
|---|---|---|
| 为了更好地学习网络销售知识，学会网络开店，现在需要开一个淘宝店 | 想开网店的人 | 有网络和电脑教室 |

3.做示范

教师可以开一个淘宝店，为学生示范开网店的流程。

**（三）导**

在学生开始"工作"时，教师和实践教学辅导老师要认真引导、指导和辅导学生更好地完成任务。

**（四）评**

教师要对学生完成任务的过程和成果进行总结与点评，指出学生做得好的地方和存在的不足，并对不足之处提出改进意见。

本次任务教师点评的要点如下：

网络销售除了开网店还有其他途径，如自建销售网站、利用朋友圈或QQ群等。

## 三、学生的学习过程

学生按照"学、做、讲、论"四字学习法进行学习，学生接受任务之后，要迅速进入角色，积极投入任务中，完成任务时按照完整行动思维模式的资讯、计划、决策、实施、检查、评价六步骤进行，其中资讯（收集相关资讯）是在学的过程中完成的，就是自学和听讲时完成资讯的收集，计划、决策、实施是在做的过程中完成的，检查和评价是在学生讲、论和教师点评的过程中完成的。

**（一）学**

学生要学习网络销售相关知识，收集相关资讯。学生可以通过听教师讲解、自学和相互学习等各种方式学习相关知识；可以通过查阅资料、阅读教材、上网搜索等各种方式收集相关资讯，需注意的是，网上搜索获得的知识要进行真伪辨别。在学习的过程中，学生要学会利用各种工具和方法，开动脑筋创新学习方法。

**（二）做**

学生根据教师布置的任务，按照完整行动思维模式的基本步骤完成任务。

网络销售的具体步骤如下：

①计划。制订开网店计划。

②决策。选择最优计划。

③实施。执行计划，开网店。

**（三）讲**

在自我检查实施步骤和评价实施效果的基础上，各小组派代表上台讲述开网店的心得和体会。

**（四）论**

师生共同互相讨论和点评开网店情况，共同检查实施步骤，共同分析网店销售数据。

# 典型工作任务三十　直播带货

## 一、任务说明

直播带货，是主播使用直播技术在线上销售商品，其形式多样、不断变化。直播带货是随着电子商务模式、互联网技术的发展而兴起的。直播带货可以帮助消费者提升消费体验，为许多质量有保证、服务有保障的产品打开销路。但是，目前也存在主播素质参差不齐、直播带货乱象丛生，直播带货中的"刷单炒信"、售后服务保障不力、网络主播欺骗和误导消费者、价格欺诈等问题。因此，直播带货必须符合有关法律法规，不能触碰"红线"。

### （一）任务情境

模拟公司为了促进销售，决定直播带货。

### （二）任务目标

1.德育目标

教导学生树立重义轻利的经商理念，杜绝直播带货乱象，做一名诚实经营的商人。

实现路径：通过课前思政教育给学生讲清楚义和利之间的关系，让学生明白坑蒙拐骗不能长久的道理，使学生树立重义轻利的经商理念，养成诚实经商的美德。

2.知识技能目标

让学生掌握直播带货的相关知识，学会直播带货。

实现路径：通过自学和教师讲解学习直播带货的相关知识，通过模拟直播带货、录制带货视频等方式学会直播带货。

3."三创"教育目标

培养学生的创新、创造、创业思维和能力。

实现路径：通过学习和模拟直播带货，培养学生的创新、创造、创业思维和能力。

4.过程与方法目标

①激发学生的社会属性，提高学生理论联系实际的能力。

②激发学生的学习兴趣和热情，培养学生的组织能力、协作能力和团队精神。

实现路径：

①通过拍摄带货视频激发学生的学习兴趣和热情。

②通过创设社会工作情境和氛围激发学生的社会属性。

③运用理论知识撰写直播脚本，巩固所学的直播带货知识；通过拍摄带货视频提高学生的学习能力和理论联系实际的能力。

④通过学生独立组织合作完成任务，培养学生的组织能力、协作能力和团队精神。

### （三）任务内容

依据模拟公司的产品特点和公司形象，撰写直播脚本，拍摄一段直播带货视频。

### （四）任务要求与要点

1.任务要求

学生认真学习相关知识，模拟直播带货，拍摄带货视频。

2.任务要点

发挥团队作用，做好模拟直播。

### （五）考核指标

1.德育指标

①直播脚本的撰写是否体现了重义轻利思想。

②拍摄的视频是否做到实事求是。

2.知识技能指标

掌握直播带货的基本知识，学会直播带货。

3."三创"教育指标

①直播脚本是否有所创新。

②直播视频是否体现了创造性思维和创业意识。

4.过程与方法指标

①是否发挥了团队的作用，是否有明确的分工合作。

②是否把理论知识合理运用到实际工作当中。

③工作过程是否规范，方法是否得当。

5.量化指标

脚本质量、视频时长等。

### （六）任务评分标准

此项任务评分重点关注以下两点：

①脚本是否规范且有创新。

②视频拍摄是否顺畅。

## （七）相关表格

### 直播带货脚本示例

| 时长（分钟） | 流程 | 步骤 | 备注 |
|---|---|---|---|
| 1 | 开场 | 自我介绍 | 打招呼，关注说3遍 |
| 2 | | 活动主题介绍 | |
| 3 | 产品介绍 | 价值开发 | 主题吸引，关注说3遍 |
| 2 | | 产品介绍 | |
| 3 | 抽奖 | 抽奖 | 让大家多转发，关注说3遍 |
| 2 | 秒杀 | 第一轮 | 秒杀介绍，秒杀指引直播间主播介绍，关注说10遍 |
| 2 | | 第二轮 | |
| 2 | | 第三轮 | |
| 3 | 促销对话 | 多买有什么好处 | 优惠价格吸引关注 |
| 1 | | 限时限量 | |
| 1 | | 倒计时 | 声音大一点，激情多一些 |

### 直播带货脚本模板

| 直播主题 | | | | |
|---|---|---|---|---|
| 直播背景 | | | | |
| 直播人员 | | 直播时间 | | |
| 直播产品 | | 产品卖点 | | |
| 优惠信息 | | | | |
| 直播目标 | | | | |
| 道具准备 | | | | |
| 直播流程 | | | | |

| 序号 | 开始时间 | 时长（分钟） | 流程 | 主要内容 | 备注 |
|---|---|---|---|---|---|
| 1 | | | 暖场 | 开场 | |
| 2 | | | 自我介绍 | 主播介绍 | |
| 3 | | | 主题说明 | 公司介绍、主推产品介绍 | |
| 4 | | | 讲解 | 才艺、演绎、带货 | |
| 5 | | | 互动 | 限时优惠、抽奖、秒杀 | |
| 6 | | | 结束 | 彩蛋 | |

## 二、教师的教学过程

教师按照"讲、做、导、评"四字教学法进行教学，即先讲理论知识和工作技巧，之后做示范，然后辅导学生学习和完成任务，最后对学生学习和完成任务情况做点评。

在基于工作过程的德技创融合模拟实践教学中，教师要把任务向学生描述清楚，营造学习氛围和创设情境是任课教师的重点工作。

### （一）讲

1.讲相关的基础知识和成功案例

教师除了讲解直播带货的基础知识，还要至少讲一个直播带货成功的案例。

2.描述任务

任务描述要清晰明了、引人入胜，要求教师讲清楚学生该做什么，怎么做，最后的成果是什么。

**任务描述表**

| 任务名称 | 做什么 | 怎么做 | 成果 |
|---|---|---|---|
| 直播带货 | 用直播带货方式销售公司产品 | 编写脚本和撰写直播稿，拍摄直播带货视频 | 直播带货视频 |
| 任务说明：建议有条件的学校可以进行真实的直播带货 | | | |

### （二）做

1.营造氛围

模拟实践教学要具有一定的学习氛围才会收到好的学习效果，所以教师在每次布置任务之前要做好思想动员和心理暗示，营造良好的学习氛围，让学生进入任务状态，感觉就是在做一项真实的工作。

2.情境创设

在模拟实践教学中，教师要为学生创设尽量接近现实的情境。情境的创设包括三方面的内容：一是事件假设；二是角色设定；三是场景创设。

**情境创设表**

| 事件假设 | 角色设定 | 场景创设 |
|---|---|---|
| 公司为了促进销售，计划进行直播带货 | 学生是公司直播带货工作组成员，包括主播、脚本撰写人员、录像人员等 | 创设直播带货的场景 |

3.做示范

教师可以自己录一段直播带货的视频，也可以找一段优秀的直播带货视频供学生参考。

**（三）导**

在学生开始"工作"时，教师和实践教学辅导老师要认真引导、指导和辅导学生更好地完成任务。

**（四）评**

教师要对学生完成任务的过程和成果进行总结与点评，指出学生做得好的地方和存在的不足，并对不足之处提出改进意见。

本次任务教师点评的要点如下：

直播带货脚本写得如何，视频拍摄得如何。

## 三、学生的学习过程

学生按照"学、做、讲、论"四字学习法进行学习，学生接受任务之后，要迅速进入角色，积极投入任务中，完成任务时按照完整行动思维模式的资讯、计划、决策、实施、检查、评价六步骤进行，其中资讯（收集相关资讯）是在学的过程中完成的，就是自学和听讲时完成资讯的收集，计划、决策、实施是在做的过程中完成的，检查和评价是在学生讲、论和教师点评的过程中完成的。

**（一）学**

学生要学习直播带货的相关知识，收集相关资讯。学生可以通过听教师讲解、自学和相互学习等各种方式学习相关知识；可以通过查阅资料、阅读教材、上网搜索等各种方式收集相关资讯，需注意的是，网上搜索获得的知识要进行真伪辨别。在学习的过程中，学生要学会利用各种工具和方法，开动脑筋创新学习方法。

**（二）做**

学生根据教师布置的任务，按照完整行动思维模式的基本步骤完成任务。

直播带货的具体步骤如下：

①计划。制订实施计划，撰写直播带货脚本。

②决策。选择最优计划和直播脚本。

③实施。执行计划，拍摄直播带货视频。

## （三）讲

在自我检查实施步骤和评价实施效果的基础上，各小组派代表上台宣读直播带货脚本，讲解直播的创新之处，分享直播带货视频拍摄的过程、心得和体会。

## （四）论

师生共同讨论和点评直播带货任务的完成情况，共同检查实施步骤是否规范，共同评价直播带货的效果。

# 典型工作任务三十一　招标投标

## 一、任务说明

《中华人民共和国招标投标法》第一章第三条规定，在中华人民共和国境内进行大型基础设施、公用事业等关系社会公共利益、公众安全的项目，全部或者部分使用国有资金投资或者国家融资的项目，使用国际组织或者外国政府贷款、援助资金的项目（项目的具体范围和规模标准，由国务院发展计划部门会同国务院有关部门制订，报国务院批准）的勘察、设计、施工、监理以及与工程建设有关的重要设备、材料等的采购，必须进行招标。

目前，政府采购大多数采用招标方式，因此营销人员了解招标投标的相关知识是非常有必要的。

### （一）任务情境

有一个政府采购的项目采用招标方式进行，公司计划参与竞标，现在由销售部门负责此次投标工作。

### （二）任务目标

1.德育目标

培养学生的重义轻利思想和爱国情怀。

实现路径：通过纠正社会错误思潮的方式，培养学生的爱国情怀。

2.知识技能目标

使学生掌握招标投标的相关知识，学会投标。

实现路径：通过自学和教师讲解学习招标投标的相关知识，通过模拟招标投标使学生学会投标。

3."三创"教育目标

培养学生的创新、创造、创业思维和能力。

实现路径：通过引导学生发挥创造性思维，用创业思维进行投标，独立完成一次投标活动，培养学生的创造、创新、创业思维与能力。

4.过程与方法目标

①激发学生的社会属性，提高学生理论联系实际的能力。

②激发学生的学习兴趣和热情，培养学生的组织能力、协作能力和团队精神。

实现路径：

①通过半游戏化的模拟实践活动激发学生的学习兴趣和热情。

②通过创设社会工作情境和氛围激发学生的社会属性。

③运用理论知识模拟招标投标活动，巩固所学的招标投标知识，提高学生的学习能力和理论联系实际的能力。

④通过学生独立组织合作完成任务，培养学生的组织能力、协作能力和团队精神。

### （三）任务内容

招标方制作招标文件、发招标通告，投标方获取招标文件，制作投标文件，参与投标活动。

### （四）任务要求与要点

1.任务要求

严格按照《中华人民共和国招标投标法》的相关规定，开展模拟招标投标活动。

2.任务要点

掌握投标报价的技巧。

### （五）考核指标

1.德育指标

投标时是否考虑了国家和社会的利益。

2.知识技能指标

是否掌握了招标投标知识和投标技巧。

3."三创"教育指标

投标过程是否有所创新，投标活动中是否体现了创造性思维和创业意识。

4.过程与方法指标

①是否发挥了团队的作用，是否有明确的分工合作。

②是否把理论知识合理运用到了实际工作当中。

③工作过程是否规范，方法是否得当。

5.量化指标

是否中标。

## （六）任务评分标准

此项任务评分重点关注以下两点：

①投标文件的质量，投标报价是否有竞争力。

②投标的流程是否合规。

## （七）相关表格

**材料采购招标文件范本示例**

| 序号 | 条款号 | 内容规定 |
|---|---|---|
| 1 | 1.1 | 项目名称： |
| 2 | 2.1 | 投标人资格条件： |
| 3 | 3.1 | 资格审查方式： |
| 4 | 4.1 | 投标保证金金额　　　元人民币，标书工本费金额　　　元人民币。投标保证金应在投标有效期截止日后　　　天保持有效。 |
| 5 | 5.1 | 投标有效期：开标后　　　天 |
| 6 | | 投标文件递交地址：　　　　　　邮编：<br>投标文件咨询联系人：<br>投标文件收取人：<br>技术咨询： |
| 7 | 7.1 | 承包方式： |
| 8 | 8.1 | 投标截止时间：　　年　月　日　时　分 |
| 9 | | 开标地点： |
| 10 | | 交货地点： |
| 11 | | 总工期：　　个日历天；计划进场时间：　　年　月　日，<br>计划完成时间：　　年　月　日完工。 |
| 12 | | 合同签订地点： |

## XX公司投标流程示例

| 名称 | 应办理事项 | 提供资料的要求 | 时间期限 |
|---|---|---|---|
| 投标名称 | 项目启动令 | 有格式 | 申请项目投标时 |
| | 项目建设方基本情况调查表 | 有格式 | 申请项目投标时 |
| | 营销策划书（信息部分） | 有格式 | 申请项目投标时 |
| | 自营承诺书（或标前协议及联营方信息调查表） | 有格式（自营项目上报自营承诺书；联营项目上报标前协议及联营方信息调查表） | 申请项目投标时 |
| | 介绍信 | 有格式 | 项目启动令批准后1日内 |
| | 项目授权申请表 | 项目管理手册（第一版）CSCSC-PM-0104 | 申请项目投标时 |
| | 授权委托书 | 有格式 | 项目授权批准后1日内 |
| 资格预审阶段 | 资格预审文件 | 按业主要求编制 | 按业主要求 |
| | 资审保证金 | 按财务部相关流程 | 按财务部相关要求 |
| | 用印申请 | 见办公室相关流程 | 封标前1个工作日 |
| 招标评审阶段 | 招标文件、答疑、补遗等 | 完整的复印件一套 | 提交评审时 |
| | 项目策划任务表 | 项目管理手册（第一版）CSCSC-PM-0103 | 提交评审时 |
| | 项目营销策划书 | 按大纲要求编制，加盖申请评审单位印章（以局名义及公司自营项目必须在领取招标文件3日内上报） | 提交评审时 |
| | 项目风险评估表 | 有格式 | 提交评审时 |
| | 联营项目履约担保承诺书 | 有格式（联营项目必须提交） | 提交评审时 |
| | 投标分工表 | 有格式 | 提交评审时 |
| | 项目所在地现场情况调查表 | 按技术质量部相关要求执行 | 按技术质量部相关要求 |
| | 项目现金流分析 | 按财务部相关要求执行 | 按财务部相关要求 |
| | 投标保证金 | 见财务部相关流程 | 按财务部相关要求 |
| | 招标文件评审记录 | 由申请评审单位经理签字，并加盖印章 | 收到上述文件1个工作日内 |
| 投标评审阶段 | 投标文件 | 按投标文件要求制作 | 提交评审时 |
| | 项目成本测算及项目效益预测表 | 有格式 | 提交评审时 |

237

| 名称 | 应办理事项 | 提供资料的要求 | 时间期限 |
|------|-----------|---------------|----------|
| 投标评审阶段 | 项目部主要管理人员审批表 | 按人力资源部、工程部相关要求执行 | 按人力资源部、工程部相关要求 |
| | 投标文件评审记录 | 由申请评审单位经理签字，并加盖印章 | 收到上述文件1个工作日内 |
| 封标开标相关事项 | 证照、信用档案借用申请表 | 有格式 | 1个工作日内 |
| | 印章外出使用审批或用印申请 | 见办公室相关流程 | 封标前3个工作日 |
| | 工程投标总结表 | 项目管理手册（第一版）CSCEC-PM-0204 | 开标后2个工作日内 |
| 合同谈判 | 合同谈判策划书 | 项目管理手册（第一版）CSCEC-PM-0501 | 项目中标1个工作日内 |
| 营销奖申请 | 市场营销奖励申请表 | 有格式 | 价本分离及风险抵押完成后 |

注：1.拟承接的项目必须符合公司现行营销门槛，联营项目管理费为3%，由分公司经理签署，其他情况申请单位须出具分公司签字的情况说明提交公司领导审批。

2.以局名投标的，二级单位须提前3天派专人回公司封标。

## 二、教师的教学过程

教师按照"讲、做、导、评"四字教学法进行教学，即先讲理论知识和工作技巧，之后做示范，然后辅导学生学习和完成任务，最后对学生学习和完成任务情况做点评。

在基于工作过程的德技创融合模拟实践教学中，教师要把任务向学生描述清楚，营造学习氛围和创设情境是任课教师的重点工作。

### （一）讲

1.讲相关的基础知识和成功案例

教师除了讲解招标投标的基础知识，还要至少讲一个投标成功的案例。

2.描述任务

任务描述要清晰明了、引人入胜，要求教师讲清楚学生该做什么，怎么做，最后的成果是什么。

**任务描述表**

| 任务名称 | 做什么 | 怎么做 | 成果 |
|---|---|---|---|
| 招标投标 | 完成一次招标投标活动 | 一部分学生做招标方，一部分学生做投标方，模拟一次招标投标活动 | 中标通知书 |
| 任务说明：可以是工程项目招标投标，也可以是物资采购招标投标 | | | |

### （二）做

**1.营造氛围**

模拟实践教学要具有一定的学习氛围才会收到好的学习效果，所以教师在每次布置任务之前要做好思想动员和心理暗示，营造良好的学习氛围，让学生进入任务状态，感觉就是在做一项真实的工作。

**2.情境创设**

在模拟实践教学中，教师要为学生创设尽量接近现实的情境。情境的创设包括三方面的内容：一是事件假设；二是角色设定；三是场景创设。

**情境创设表**

| 事件假设 | 角色设定 | 场景创设 |
|---|---|---|
| 某一个政府采购的项目采用招标的方式确定供应商 | 有些学生是招标方人员，有些学生是投标方人员 | 创设招投标的场景 |

**3.做示范**

教师可以提供一个招标投标的视频供学生参考。

### （三）导

在学生开始"工作"时，教师和实践教学辅导老师要认真引导、指导和辅导学生更好地完成任务。

### （四）评

教师要对学生完成任务的过程和成果进行总结与点评，指出学生做得好的地方和存在的不足，并对不足之处提出改进意见。

本次任务教师点评的要点如下：

①编写投标文件的要点。

②投标报价的要点。

③投标时的价格调整策略。

### 三、学生的学习过程

学生按照"学、做、讲、论"四字学习法进行学习，学生接受任务之后，要迅速进入角色，积极投入任务中，完成任务时按照完整行动思维模式的资讯、计划、决策、实施、检查、评价六步骤进行，其中资讯（收集相关资讯）是在学的过程中完成的，就是自学和听讲时完成资讯的收集，计划、决策、实施是在做的过程中完成的，检查和评价是在学生讲、论和教师点评的过程中完成的。

（一）学

学生要学习招标投标的相关知识，收集相关资讯。学生可以通过听教师讲解、自学和相互学习等各种方式学习相关知识；可以通过查阅资料、阅读教材、上网搜索等各种方式收集相关资讯，需注意的是，网上搜索获得的知识要进行真伪辨别。在学习的过程中，学生要学会利用各种工具和方法，开动脑筋创新学习方法。

（二）做

学生根据教师布置的任务，按照完整行动思维模式的基本步骤完成任务。一部分同学扮演招标方，一部分同学扮演投标方。

1.招标方具体工作步骤如下：

①计划。制订招标计划。

②决策。选择最优计划，编制招标文件。

③实施。执行计划，开展招标活动。

2.投标方具体工作步骤如下：

①计划。制订投标计划。

②决策。选择最优计划，编制投标文件。

③实施。执行计划，参与投标活动。

（三）讲

在自我检查实施步骤和评价实施效果的基础上，各小组派代表上台宣读标书，讲解投标的创新之处，分享投标的心得和体会。

（四）论

师生共同互相讨论和点评招标投标任务的完成情况，共同检查实施步骤是否规范，共同评价招标计划或投标计划的实施效果。

# 第五章

# 第一轮教学实践

2017年春季学期，笔者在北部湾职业技术学校（以下简称北职校）15级营销1班和15级营销2班上市场营销实训课。学校以往的营销实训课是在机房（计算机房）利用模拟软件上课，而该模拟软件很久没更新了，且这款软件主要是模拟一些单据制作，与真实的营销实务相差较远。因此，笔者改变了原有的实训模式，采用模拟公司实践教学法教学。

## 第一节　课前准备

### 一、教学思路

北职校营销协会曾试行用模拟公司法开展实践活动，具体做法是鼓励营销协会以模拟公司的形式开展真实的销售活动，营销协会成立模拟公司，设有完善的部门和具体岗位，比如采购部负责进货，销售部负责销售，财务部负责账目，而模拟公司实践教学法没有在北职校课堂教学上应用过。成立模拟公司后，学生通过校园市场调研批发一些小商品在校内销售，事实上学生是依托模拟公司开展真实的业务，学生在实践的同时也获得了一些实实在在的经济收入，这种实践方式的效果确实较好。

此次课堂教学的思路就是把上述模式搬进教室，在班级内模拟实际销售情况。

与营销协会的模拟公司实践不同的是，该模式是完全的模拟，公司是虚拟的，产品和业务也是虚拟的，而营销协会实际是半模拟半真实的，公司是虚拟的，产品和业务是真实的。模拟公司实践教学下的顾客不是真实的顾客而是由学生扮演的，同学之间进行虚拟的经营活动，实际就是以游戏的形式再现真实的场景。

笔者经过思考决定以实训与游戏相结合的方式开展实训教学，具体做法：通过成立模拟公司的形式分组，以小组为单位完成各项任务，教学中学生分别扮演销售者和消费者，他们既是演员也是观众。

## 二、课前准备过程

笔者当时并没有查阅很多资料也不是很了解模拟教学法，只是凭经验开展实训教学。所在学校少数专业的实训课都是由两位教师来上，即一位教师和一位实验员或助理。市场营销专业没有实训室，因此也没有实验员和助理，于是笔者急中生智在学生中选两名教学助理来协助教学。

第一节实训课笔者用了大约10分钟的时间给学生讲解这学期的营销实训课怎么上，并告诉学生因为学校暂时没有市场营销实训室和实训场地，只能采用模拟现实的方式开展实训活动。在班内要成立一些模拟公司，然后以模拟公司为依托开展各项营销活动，大家把教室和课堂想象成一个虚拟小社会，学生是公司职员和消费者。在这个课堂上学生可以自由交谈，可以走下座位四处走动，但是上课期间不能走出教室。

实训课的第一步是寻找合作伙伴成立模拟公司，2~3人可以申请成立一家公司，想好了公司名称及经营范围后，到模拟市场监督管理局去注册，没有组建公司的学生可以到已注册的公司应聘。每一位学生都必须找到自己的角色，要么自己成立公司，要么到其他同学创办的公司做员工，本学期的作业都是以小组为单位完成的，如果不进入公司就没办法参与后面的课程。

实训课的第二步是选教学助理。笔者为了更好地开展实训教学需要两名学生做教学助理，协助教师上课。最初选择教学助理只是为了方便教学，后来笔者发现教学助理在整个教学过程中发挥了较大的作用，而且充分发挥了学生的自我管理能力，提高了学生解决问题的能力。

第一轮模拟教学过程中的教学助理是通过自荐的方式确定的，15级营销1班的教学助理是李良源和李芳慧，15级营销2班的教学助理是宁美芸和莫雯玲。

## 三、分组

做好课堂教学准备工作之后，笔者用20分钟讲解公司的相关概念，主要讲解有限责任公司和股份公司的区别以及法人和法人代表的含义。在分组过程中由两名教学助理扮演市场监督管理局的局长和工作人员，想要设立模拟公司的学生要到模拟市场监督管理局注册。笔者和教学助理讲解公司注册一般要有名称、经营场所和注册资金等，其他要求由教学助理决定。

简单讲解后，笔者动员学生注册公司。刚好在15级营销2班的讲台旁有一张两人桌子，笔者让教学助理利用这张桌子在讲台边布置一个模拟市场监督管理局办公地点。计划注册公司的学生可以先来模拟市场监督管理局咨询注册流程和所需提交的材料。实训课上没有禁止学生使用手机，他们通过手机上网查询相关知识。

这种分组方式进行得并不是很顺利，起初学生并不积极，需要笔者耐心动员。刚好实训之前的营销实务课讲的是怎样成为营销人，为了提高学生的参与积极性，笔者和学生讲："要想成为优秀的营销人才，第一步就是自己成为营销人，那么我们实训的第一步就是锻炼大家如何成为营销人，创业或成为公司的员工是营销专业学生走向社会的第一步。即使毕业后找工作，营销专业的学生可能会有相当一部分人去从事营销工作或与营销有关的工作。现在假设大家毕业了，有的同学自己创业，创办公司，有些同学应聘到公司做员工，有意向创业的同学刚好可以借此机会试一试。"

"现代社会流行几个合伙人共同创办公司，所以创业的第一步就是寻找合伙人，在模拟教学中有学生成立公司了，其他学生就可以到这些公司应聘，这样我们的模拟实训才会顺利进行。寻找合伙人的过程是锻炼一个人沟通能力和表达能力的过程，沟通表达能力是很重要的，我看看哪些同学能够用最快的速度找到合作伙伴并注册成功？"经过动员很快有学生找到合作伙伴并准备注册，这时找到合作伙伴的学生先到模拟市场监督管理局咨询需要提交的材料，然后回去准备，材料齐备后市场监督管理局给予注册。

营销2班的两名教学助理是两个女生，比较有主见，她们很认真地指导同学准备材料，要求也很严格，几个去注册的都没有成功。经过几番折腾，开始有学生说市场监督管理局刁难他们，到笔者这里投诉。

当学生去模拟市场监督管理局注册不顺利的时候，培养了学生的抗挫折能力，有的学生几次去注册都未成功，想放弃了，经过笔者的开导他们坚持着完善了资料，最后注册成功。这些告诉他们，没有一生都顺风顺水的人，遇到挫折是在所难免的。

在注册公司的过程中出现了有学生举报市场监督管理局工作人员服务态度不好、故意刁难的问题。这一现象，可以让学生体会人性的方方面面。通过模拟实践可以让学生在没有出校门的情况下体验现实百态，对于学生来讲是很好的教育。

营销1班的教学助理是一男一女，他们性格比较温和，而且很细心。两人给了很多建议，做事坚持原则：要求注册餐饮业的学生递交卫生许可证和健康证；把注册公司需要的材料写在一张纸上，有学生来咨询就让他们自己看写在纸上的要求，按照要求回去准备材料。

教学助理发挥了很好的作用，很多笔者没想到的事情他们都想到、做到了，学生的潜能是很大的，只要认真挖掘总会有意想不到的惊喜。

在创立公司的过程中，少数学生比较积极，多数学生不积极，也有一部分处于观望状态。为了鼓舞学生的士气，笔者宣布公司创办者可以加15分，合伙人加12分作为平时成绩。同时，笔者告诉教学助理对第一家公司的审核稍微松一些，如果长时间没人注册成功学生就失去信心了。终于有一家公司注册成功，笔者就在班级宣布："我们班级的第一家公司诞生了，大家鼓掌祝贺。"这时掀起一个小高潮，学生会兴奋一会儿，接下来会有一些小组来注册。营销2班的市场监督管理局还下社区开展服务，主动劝说同学注册公司。在实训中，学生的很多表现非常接近现实。

为了提高课堂效率，在还没有完成整个班级分组的情况下，鼓励已经完成注册的公司招聘员工。招聘员工的过程是分组的一部分。

第一家上台招聘的公司在黑板上写好招聘启事后开始宣讲，下面的学生提了很多问题，比如工资不切实际、有没有五险一金、有没有其他福利等。学生有各式各样的问题，台上的宣讲人员有些应接不暇。模拟公司招聘宣讲结束后就回到座位等同学去应聘，场面挺热闹。接下来注册过的公司都纷纷上台宣讲。笔者只好把黑板分成两块，左边写一家公司的招聘启事，右边写另外一家的。有的公司的招聘启事写得还不错，介绍公司时还提到了公司理念和口号；有的公司还在班级贴出了手写的纸质招聘启事。为了鼓励学生去应聘，笔者宣布凡是应聘成功的学生可以加10分。招聘面试环节锻炼了学生的就业能力和沟通能力，可以使他们了解就业相关的知识，对他们毕业找工作也会有一些帮助。

经过鼓励和动员，最后营销1班成立7家公司，营销2班成立8家公司，不过后来营销2班有一家公司做餐饮连锁相当于成立了几家分公司。各个公司都招聘到了员工，但还是有一些学生既不创办公司也不去其他公司应聘，原计划这些不应聘的可以扮演消费者，可是考虑到以后的作业需要以小组形式完成，如果他们不加入公司就没有进入小组，少了很多锻炼的机会。于是，笔者宣布每个学生都要加入公司，这学期的期中和期末考试都以平时作业成绩作为期中和期末考试的成绩。最后，由教学助理协助统计还有哪些学生没加入公司，笔者挨个做工作劝导他们，直到所有学生都有了组织。

对于迟迟不肯加入实训的学生，解决办法是由教学助理公布参与人员的成绩，统计出未加入实训的人员名单，硬性要求这些没有参与的学生加入模拟实践。要求他们找到公司正式应聘，在教学助理的监督下每人面试10分钟，锻炼学生的表达能力和沟通能力。

经过3次课（6个课时）才完成分组，传统的分组方式只需要几分钟。不过这样的分组过程实际上也是实训过程，是在培养学生的就业能力。通过这种分组方式可以培养很多工作中必不可少的能力，例如，创办公司寻找合伙人的过程不单单是锻炼表达能力和沟通能力，也培养了学生的团队合作精神。

在完成创办公司和招聘后，笔者还要求每个公司都要构建完善的组织架构，即给每个学生分配职务、定岗位（分配角色）。

## 四、统计学分

分组完成后，教学助理依据公司创办者加15分、合伙人加12分、员工加10分的学分分配办法统计学分，统计完成后公布成绩。

为了鼓励大家积极参与模拟实训，每个班级创办的第一家公司分数可以略高一些，创办者加20分、合伙人加15分。

按规定学生可以跳槽，也可以被辞退，不过在这次实训过程中两个班级都没有出现类似问题，只有一个学生要求成立一人公司，后来同意了他的请求。

那些没有主动加入公司的学生没成绩，在教学助理监督下他们到模拟公司应聘。应聘成功的加10分，不成功的由招聘公司打分，分值不超过10分（也可以给0分）。

## 五、反思

在授课过程中笔者备课不够充分，主要是公司注册流程和注册条件的相关知识准备不够。分组过程没有系统性，游戏规则不够完善，几乎没有提前制定规则，出现问题时才想到制定规则，教学缺乏计划性。面试时，没有硬性要求应聘者准备个人简历，进行自我介绍，有的学生甚至没进行面试就加入了公司，使他们失去了锻炼的机会。

要想学好一门课程，上好每一堂课，课前准备工作极为重要，教师切记千万不要认为自己经验丰富就不做课前准备。课上得好不好关键还是看备课是否充分，因此好教师必须认真备课。

笔者原计划是找班长和学习委员做教学助理，后来考虑到班长和学习委员锻炼的机会较多，所以采用学生自愿和自荐的方式来确定教学助理，而且也可以给更多的学生锻炼的机会。

分组过程的过于民主导致很多学生选择不参与实训，今后要采用民主和硬性要求相结合的方式才行。模拟教学中要预防注册的公司太少，更要避免有的同学不加入实训情况的发生。

第一轮实训原计划是既没有成立公司也没有应聘的学生可以扮演消费者，后来发现这样不可行，那些扮演消费者的学生得到的锻炼会远远少于公司员工和创业者。但是，在教学中发现有不少学生没有参与实训，有的学生虽然加入了小组但是很少参与活动，这一点在今后的教学中应特别注意，教师必须要求学生全员参与实训。

# 第二节　布置任务

在完成分组后，为了奖励学生的辛苦付出，笔者指导学生对每个小组的招聘启事打分。具体做法是，要求每个小组把自己的招聘启事形成书面材料交给教学助理；以自愿的方式在学生中找3人做评委，3个评委加上2个教学助理组成5人评分小组，由评分小组对招聘启事进行了打分。

在给招聘启事评分后，5人评分小组后期也担任了给学生作业打分的任务。为了鼓励这些评委，每为小组打一次分，笔者给评委加5分。

事实上，前面的分组过程包含了三个任务：一是寻找合伙人；二是招聘员工和应聘；三是完善公司组织架构。第三个任务要求各个小组完善公司组织架构并报到教学助理处，就是要给加入公司的同学分配职务确定岗位，这个任务没有打分。

依据教学进度，笔者布置了如下的一些任务让学生完成。

### 任务一　开展市场调研

本任务要求每个小组结合自己公司实际开展市场调研，完成市场细分，确定目标市场，对自己公司的产品或服务进行定位，每个小组要完成一份调研报告。

当时把完成调研报告任务的满分定为30分，后来发现一个任务给30分有些少，假设一个小组有6个人，即使其得了满分，平分给小组成员时每人只有5分。

评分：这次的评委由2个教学助理和3个自荐的学生组成，后来发现这些评委有时候会有失公正，个别评委会给和自己关系好的学生多打分。

打分就是由5个评委根据作业情况（上交的书面材料）打分，再把5个评委给出的分数加起来除以5。

$$小组得分 = \frac{评委1给出的成绩+评委2给出的成绩+\cdots+评委n给出的成绩}{n}$$

反思：没有要求评委写评语，也没有分享和点评环节。

### 任务二 制定运营方案

本任务要求学生撰写一份运营方案或运营计划书，学生依据自己公司性质和经营范围撰写运营方案或运营计划书。

当时要求学生写清楚公司为什么叫这个名字、经营什么、怎么运营就可以了。要求不高，运营方案的满分仍然是30分。

评分过程出现了问题，有个学生说评委打分不公平，把某个做评委的学生气哭了。这件事是由一个误会造成的，似乎两个同学平时有些矛盾，这也和现实社会很相似。模拟教学的优点就是可以让学生早点体验一下现实生活，其中包括人际关系方面的内容。

### 任务三 寻找优质供应商

生产企业首先要考虑原材料的购买问题，要寻找原材料供应商，而商业企业要寻找货源。寻找进货渠道和优质供应商是企业经营的重要环节。

为此，给学生布置的第三个任务是寻找优质供应商，制定采购方案。

在评分过程中，总分制出现了问题，有的组人很多，有的组人很少，完成一次作业，同样的满分30分，人数少的小组分配给个人的分数多一些，人数多的分配给个人的分数就会少一些。当时采取的补救办法是人数多的小组做两份作业给两次分，8人以上的小组可以以分公司的名义再做一份作业。例如，开连锁店的那家公司，该公司的连锁店可以单独做作业。

反思：分组时，小组人数不能相差太悬殊，应当大体相当；虽然说得分不是目的，学习锻炼才是目的，但是打分时一定要尽量公平。

### 任务四 开业庆典

本任务主要是巩固学生以前学习的商务礼仪知识。要求学生掌握开业庆典要请哪些人来，应注意哪些礼仪问题等。书面作业是要求学生撰写一份开业庆典策划书，并在教室模拟开业庆典。

### 任务五　促销演练

本任务要求各个小组结合模拟公司情况和自己经营的产品或服务做一套促销方案，然后在教室演练一下促销活动。

### 任务六　推销产品

公司所有员工都可以去推销公司产品，销售业绩可以记到个人。员工实现销售后，由公司汇总，经总经理确认后报到教学助理处登记学分。公司与公司之间达成供货或服务协议取得的成绩归公司分配，由总经理按员工贡献大小分配，也可以平均分配。

订单的确认。个人消费的确认是业务员拿到消费者（其他学生）的签字确认就可以了，在业务员的客户表上签字就算销售成功；与公司达成销售的要有采购合同，有双方法人代表签字确认的订单即可。

重复订单的处理。同一时期同一公司和同一客户只能有一份有效订单（或合同）。当同一公司不同业务员和同一客户签订了多份合同时由公司决定哪份有效。

同学们在课后可以继续做作业，继续完成任务。

推销产品任务完成后有一次分享课，各个小组分享一下销售经验和体会。

推销产品的学分计算。每与个体消费者达成一笔交易给业务员加10分，业务员和其他公司签订采购合同的给业务员加20分。公司与公司之间达成长期合作签订供货协议的加30分，就是前面所说的公司与公司之间达成供货或服务协议的情况。

反思：推销过程和订单确认要求过低，很多同学并没有真正去推销而是直接拿着本子找人签字，拿到签字就算有订单了。在今后的教学中应当加强过程控制，增加推销过程演示和投诉处理环节。

## 第三节　教学反思与反馈

### 一、教学反思

本轮教学实践没有把学生每次完成任务留下的作业加以保存，失去了一些宝贵的教学资料。没有开展签订单、供货、收货、结算业务方面的实训。

最后登成绩时，由于教学助理记得不够清晰造成了一个做得很好的学生分数不高，而有一个没怎么做任务的学生成绩反而很高，后来笔者对此做了矫正。

在实训过程中发现，召集总经理（组长）开会他们会提出很多要求；自由组合的小组比较活跃，他们讨论得很激烈。因此，教师在开展模拟教学时应该多开一些讨论会和座谈会，多听一听学生的意见和建议。

## 二、教学反馈

在期末课程结束时以大作业的形式做了一次调查，原计划是要求每位学生写一份总结，内容包括这种实训方式（模拟公司实践教学法）的优点、不足之处、改进的建议、参加活动的感想、没参加的原因或理由（有个别学生虽然加入了公司但是不参与任务，也不完成工作）等。后来，为了不束缚学生的思想让其充分自由发挥，笔者把作业的题目定为"如何上好营销实训课？"没有对具体内容做过多要求。

笔者把学生的意见和建议做了整理，希望学生的这些意见和建议会对教师的实训教学有所帮助。第一轮教学实践的学生意见和建议可扫描下方二维码查看。

**学生意见和建议**

# 第六章

# 第二轮教学实践

2018年春季学期，笔者继续为学校市场营销班上营销实训课，这一学期是给16级营销1班和16级营销2班上课。因为2017年春季学期应用模拟公司实践教学法上实训课教学效果良好，所以这学期笔者仍然采用模拟教学，应用的是"基于岗位实践的模拟教学法"。

## 第一节　课前准备

### 一、课程导修

#### （一）教法

教师给学生讲本学期的营销实训课程是应用"基于岗位实践的模拟教学法"授课，即假设学生已经毕业参加工作了，班级就是一个小社会，学生可以在这里创业和找工作，也可以寻找合作伙伴成立模拟公司，然后招聘员工开展模拟经营活动，如同在游戏里进入了角色，在实训中每个学生也都扮演一个角色，利用在学校学到的知识完成自己在模拟岗位上的工作内容。

#### （二）学法

学生通过成立公司分成若干个小组，以小组为单位完成任务。学生在完成任务的过程中学习知识、提高技能，学会合作，共同成长。

### 二、相关知识讲解

教师讲解有限责任公司等基本概念，以及公司注册的流程等知识。

#### （一）讲解有限责任公司等基本概念

教师主要讲解有限责任公司和股份公司以及法人和法人代表的概念，让学生了解创业的基本知识。告诉学生有限责任公司承担的责任是有限的，这样可以降低创业风险，并告诉学生法人不是自然人，法人代表是自然人。

如果有的学生不想和别人合伙开公司，那么就要了解个人独资公司和一人公司的相关知识。

**（二）讲解公司注册的流程**

教师这一次在公司注册流程方面做足了功课，从网上找了有关公司注册的资料，作为学生公司注册的参考。

## 三、选教学助理

在第二轮教学实践中还是采用自荐的原则选出了教学助理，不过在挑选教学助理的过程中出现了一些问题。

16级营销1班的黎同学和仇同学主动要求做教学助理，考虑到教学助理在教学中的重要性，笔者简单地进行了一次民主测评，询问学生是否同意，1班的学生都一致同意这两个同学担任教学助理。不过后来发现黎同学一上课就睡觉。教学助理睡觉直接影响了教学，两次课之后，只好又增加了宁同学做教学助理。在此后的教学中，主要是仇同学和宁同学来完成教学助理的工作。

16级营销2班在确定教学助理时，笔者先讲了教学助理的工作内容，强调要选择公正、公平的学生做教学助理，有两个学生非常积极，坚持要做教学助理，可是进行民主测评时很多学生反对，原因未知。这时笔者有些为难，不让这两个学生做，担心会打击他们的积极性；让他们做，又有几个学生坚决反对。后来为了缓解矛盾，又增了1个学生，最终确定了3个教学助理。还好在后期的教学工作中并没有出现什么纰漏，主要的工作还是由那两个有人反对的学生完成的，而那个大家一致通过的教学助理反而没怎么参与教学助理的工作，而是积极地去参与模拟公司经营了。

在这一轮教学实践选教学助理的过程中，两个班级都是确定了3名教学助理，但实际工作都是2名教学助理在完成，两轮实践课证明用2名教学助理是合理的。

## 四、分组

分组的第一步是教师做思想动员，讲解团队合作的重要性，告诉学生要学会与人合作，和学生分享企业培训团队精神时专家讲述的《西游记》改编故事。大意如下。

有人问唐僧："你今天成功了，靠的是什么？"

唐僧回答："我靠的是信念，只要我不死，我就能取到真经！"

然后那人问孙悟空："你靠什么？"

悟空说："我靠的是能力和人脉，没办法的时候我会借力！"

然后那人问猪八戒："你动不动就摔耙子，又懒又馋，你怎能成功？"

猪八戒说："我选对团队了，一路有人帮，有人教，有人带！"

然后那人又问沙和尚："你这么老实，怎么也能成功？"

沙和尚说："简单，我听话、照着做，想不成功都难！"

笔者通过小故事，告诉学生团队很重要，要学会组建团队、融入团队。

笔者总结了上一轮的分组经验，这次把分组过程分为两个步骤：第一步是创办模拟公司，第二步是招聘员工。为了鼓励学生积极参与分组活动，每个班级成立的第一家公司给的分数较高，创办者得20分，合伙人得15分，组员得10分；其余各组创办者得15分，合伙人得12分，组员得10分。

## （一）创办模拟公司

创办模拟公司的做法和上一轮教学实践一样，即三人合伙准备材料到模拟市场监督管理局注册。这一次有一个班级的模拟市场监督管理局要求模拟公司写运营方案才给其注册。我们知道在现实中去市场监督管理局注册应该是不用交运营方案的，不过既然模拟市场监督管理局有要求，笔者就默许了。

当班级里第一家公司成立后，在班里宣布热烈祝贺本班第一家公司成立了，并鼓励这家公司走上讲台进行招聘。招聘的目的既是锻炼，也是为了促进分组，起到模范带头作用。

分组中出现的问题是16级营销2班分组不顺利，主动创办公司的人很少，最初只成立了三家公司。笔者需要想办法解决这一问题，后来采用个别动员和强制要求加入的办法才完成分组，具体做法是由教学助理统计没有进入小组的人员名单，然后和没有加入公司的学生挨个沟通交流。这个班有几个学生要开金融公司，笔者考虑刚好可以借此机会对学生进行贷款方面的教育，于是就同意了。

## （二）招聘

这一轮教学实践，两个班级的学生参与招聘环节都非常积极，几个小组争着上台招聘，有的直接走到同学中间拉人。

其间出现了跳槽现象。一家演艺公司的一个艺人跳槽，原公司不同意，要求他交违约金，接收公司说同意交违约金。因为资金问题，有学生提出每家公司应该有自己的资金限额不能随口乱说，比如原公司艺人跳槽了要200万元违约金，接收公司说可以给，那这些钱都是哪儿来的？经过这件事后，其他公司纷纷和自己的员工签订合同，都提出跳槽要支付违约金。

有人刚进公司不久就跳槽，还有的公司招聘时工资给得很高。为此有学生建议，要求每家公司都有资本限制，就是说成立公司的时候每个模拟公司的资金要定下来，最好所有公司的启动资金一样多。说到启动资金，马上有学生提出成立银行，可以贷款。如果这样的话，每个公司要有账目，要记录收支情况，所以每个公司应该成立财务部。

招聘过程中出现了一家猎头公司，四处推销同学，找公司联系业务，居然还到模拟市场监督管理局去了解信息，要公司资料。市场监督管理局请示笔者是否给他看公司注册资料，笔者建议不要给详细的资料，可以告诉公司名称和法人等简单的信息。

这次分组出现了两家与上一轮教学实践分组不同类型的公司，一家是猎头公司，一家是金融公司，金融公司主要做贷款业务。

### （三）分组得分统计

分组完成后，教学助理依据学分分配办法统计学分，统计完成后公布成绩。没进组的同学，在教学助理监督下应聘，每人用5~10分钟做自我介绍，应聘成功得10分，不成功的由招聘公司打分，分值不超过10分，也可以给0分。

课后小结：学生最初对分组热情不高，当到了招聘环节，第一家公司上讲台开始招聘后，大家开始活跃起来，意想不到的结果是招聘可以促进分组。不过笔者还是采用了强制的办法促使每个学生都加入了模拟教学活动中，用了3周的时间才完成分组。

## 五、考评办法

本轮实训课的考核评价不再进行传统的笔试和实操，也不再进行专门的期中考试和期末考试。学生的成绩是用平时成绩代替考试成绩。学生的期中成绩和期末成绩由任课教师根据学生的平时成绩酌情给分，教师通过判断把平时成绩转换成百分制成绩。

### （一）评分委员会

笔者原本设想评分委员会由三个教学助理和几个民主推荐的评分委员组成，16级营销2班的学生提出希望各个小组参与评分，后来笔者决定每个公司推荐一个评分员和教学助理组成评分委员会。有学生提出，评委在打分时不应该给自己的小组打分，实行回避制度，这些意见都被采纳了。

评分委员会负责对各个小组的作业进行打分，具体办法是每个评委对小组作业单独打分，评委不给自己所在的小组打分，教学助理把每个评委给出的分数加起来除以打分人数得出平均分，平均分就是小组的任务得分。

**（二）评分办法**

**1.分组得分**

创办模拟公司的过程是分组的过程，要对分组情况打分。具体办法是公司发起人得15分，合伙人得12分；第一家成立的公司发起人得20分，合伙人得15分；在应聘环节中，通过应聘加入公司的同学得10分。

**2.任务得分**

分组之后教师会布置任务由小组集体完成，小组完成任务上交的作业由评分委员会打分。这次对完成任务的评分采用的是单人成绩法，即每次完成任务的小组得分是单人成绩的上限。例如，小组任务得了20分，组长在分配给组员时只要不高于20分就可以。组长根据贡献大小给组员分配0~20分，这样可以避免小组人数不均的问题，不过也有可能会出现组长给每一个组员都打高分的情况。

**3.销售得分**

销售得分是在推销产品的任务中组员完成销售任务的得分，按计划是个人业务5~10分，对公业务10~20分。在本轮实践中，由于有几个学生成立了一家猎头公司，该公司的业务就是帮助新成立的公司招聘员工，帮助学生找工作。这样一来，他们在分组阶段提前开展推销工作，打乱了教学计划，只好给他们先计算销售得分。

确定评分办法后，所有的课前准备工作基本完成，下一步是通过布置任务开展教学工作。

# 第二节　布置任务

**任务一　招聘与面试**

本轮教学实践把撰写招聘启事和开展招聘工作作为分组过程的第一次任务，包含招聘宣传和面试两个环节。要求模拟公司组织学生撰写一份标准的招聘启事，应聘的学生写一份标准的个人简历。

由评分委员会对招聘启事和个人简历进行打分，招聘启事满分20分，个人简历满分10分。

### 任务二　构建组织架构

本任务主要是搭建公司组织架构，给员工定岗，制定岗位职责。每个小组将完善后的公司组织架构报到教学助理处，即要把每个学生在公司的具体岗位及工作内容报给教学助理。

评分委员会对小组制定的组织架构进行打分，满分20分，然后组长把得分分配给组员。

### 任务三　开业庆典

本任务是学习开业庆典知识，宣传企业。每个小组要撰写一份开业庆典策划书，模拟开业庆典。

学生上交开业庆典策划书，但在模拟开业庆典的时候不是很理想，学生的基础知识掌握得不够好。

评分小组对开业庆典策划和模拟开业庆典分别打分，开业庆典策划书满分20分，模拟开业庆典满分20分。

### 任务四　开展市场调研

本任务主要针对钦州市的市场展开调研，结合模拟公司销售的产品情况做一份调研计划，并通过调研活动形成调研报告。

评分小组对调研计划和调研报告分别打分，调研计划满分20分，调研报告满分20分。

### 任务五　促销演练

本任务是做一份促销计划书，模拟公司组织促销演练。

评分小组对促销计划书和促销演练分别打分，促销计划书满分20分，促销演练满分20分。

### 任务六　推销产品

模拟公司所有员工都可以去推销公司产品，销售业绩可以记到个人，但是要由公司汇总，经确认后报到教学助理处登记学分。公司与公司之间的协议成绩归公司分配，可以由总经理根据员工表现和贡献大小分配，也可以平分。

重复订单的处理。同一时期同一公司和同一个客户只能有一份有效订单（或合同）。当同一公司不同业务员和同一个客户签订了多份合同时，由公司决定哪份合同有效。

教学助理统计公司销售业绩，做销售排名。建议模拟公司和现实的企业一样对业务员做销售排名，并依据排名评选销售标兵。

### 任务七　签约

本任务分两部分，一是起草合作协议，二是举行签约仪式。每个小组可以两个任务都做，就是既起草合作协议又举行正规的签约仪式，也可以只起草合作协议进行简单签约，不举行签约仪式。

评分小组打分，起草的合作协议满分20分，举行签约仪式满分20分。

# 第三节　教学反思与反馈

## 一、教学反思

两轮教学实践中存在同样的问题，就是创办模拟公司自由分组时有一些学生不参与分组活动，分组时总有一些学生既不成立公司也不去其他公司应聘。为了解决这一问题，在实训时可以要求教学助理制定实训花名册，这个花名册和班级花名册有一些区别。实训花名册按照公司来登记学生姓名，记录哪家公司有哪些学生，作用是了解各个小组的人员情况和学生加入小组的情况。这样可以及时发现没有加入实训的学生，便于教师及时督促未加入小组的学生尽快加入小组，同时也便于给小组和小组成员打分，方便统计学分。

两轮教学实践中都没有考虑公司破产、员工跳槽、辞退员工等问题的评分，以及这些情况出现后原始注册分如何处理。本轮教学实践中有跳槽的现象，但没有发生开除员工的现象。

在教学中，有学生提出时间问题，如模拟的一节课代表现实的多长时间？因为这涉及签合同和试用期违约赔偿等问题。

这轮教学实践的规则还不够完善，需要完善模拟经营的规则，如每家公司的初始资金，是否可以向银行贷款等。

经过两轮教学实践，从学生的反应来看，学期期末应该根据模拟公司经营情况做总结和排名次，确定班级公司前三强并颁发证书以资鼓励。教学中发现有些学生想跳槽，也有的公司想辞退员工，为此模拟规则应当允许员工跳槽，也允许公司辞退员工，但是要制定相关的规则，尤其是要制定相应的打分规则。

## 二、教学反馈

为了改进教学方法，学期期末以考试的形式开展了一次调研活动。调查的题目是"请谈一谈'基于岗位实践的模拟教学法'的优点、缺点，并对其优化提出自己的建议"。学生在试卷中对"基于岗位实践的模拟教学法"提出了很多有参考价值的意见和建议，可扫描下方二维码查看。笔者把这些意见和建议进行了认真梳理，供大家参考，希望能够对计划开展模拟实践教学的教师有所帮助。

学生意见和建议

# 第七章
# 教学实践总结

## 第一节　教学准备

俗话说"台上三分钟，台下十年功"。教师要想上好每一节课，必须要认真备课，要想教好学生先要做好教学准备工作。

### 一、课前准备的重要性

上好每一节课是教师的首要任务，充分的课前准备是上好课的基础。课前准备包括认真备课、做好教学设计和准备好教学资源。课前准备的重要性主要有两个方面：一是提高课堂教学效率打造高质量课堂的需要，一堂课只有40分钟，时间比较短，所以要提高效率打造高质量课堂，必须课前做好充分准备；二是提高教师教学水平，促进教师专业成长，课前准备的过程也是教师自我提高的过程，通过认真备课、做好教学设计、准备教学资源可以提高教师的业务能力，促进教师的专业成长。

### 二、基于工作过程的德技创融合模拟实践教学的准备工作及要点

基于工作过程的德技创融合模拟实践教学除了要认真备课，做好教学设计、教学资源准备等工作，还要做好选择教学助理和分组等教学准备工作。

#### （一）教学助理的选择

经过教学实践验证，教学助理在基于工作过程的德技创融合模拟实践教学中发挥着较大作用，因此，教学助理的选择至关重要。在模拟实践教学中，不同性格的教学助理会起到不同的作用，开朗的教学助理可以活跃课堂气氛；细心的教学助理可以帮助教师补充完善教学细节。理想状态是选择两个教学助理，一个开朗、一个细心，而且最好是两个人都对理论知识掌握得比较好。

理论上，教学助理应是一个全面手，他们要参与很多实训活动。在整个教学过程中，教学助理通过协助教师上课和扮演各种重要角色，不仅提高了能力，还培养了自信心。

教师在选教学助理的时候，对大家都反对的候选人要慎重考虑。实践证明，如果大多数学生都反对，说明这个候选人缺乏"群众基础"，这对未来的教学工作会有一些不良影响。在第二轮教学实践中，有一个候选人是自荐担任教学助理的，当时她的积极性很高。考虑到不打击这个学生的积极性，笔者不顾学生的反对还是让这个学生做了教学助理，后来发现她并不热心于这份差事，幸好当时在这个班一共选了3个教学助理。

再者，选定的教学助理轻易不要换掉。在第二轮教学实践中有一个班级的教学助理虽然表现很活跃，但是上课爱睡觉，有时还不来上课，笔者没办法就增加了一个教学助理。后来发现，实际上爱睡觉的这个学生做教学助理后比以前有进步，逃课次数少了，上课睡觉比之前少多了，笔者当时应该多一些耐心，再多给他一段时间锻炼。

## （二）分组

一般的项目教学法、任务教学法和模拟公司实践教学法的分组单纯是为了教学方便，而基于工作过程的德技创融合模拟实践教学的分组不仅是为了方便教学，分组过程本身也是重要的实践教学内容和整个教学过程中的关键环节。因此，在开展基于工作过程的德技创融合模拟实践教学时绝对不能忽视分组工作。

在两轮教学实践中，分组方面存在着不完善的地方，因为分组的不完善带来了很多问题，比如因为各个小组组员数量差距太大，造成不同小组在完成相同任务时得分相近而在小组内部进行学分分配时组员得分会相差很多；再者，完成相同的任务时，人数少的小组与人数多的小组相比组员工作量会大一些，而人数多的小组组员工作量会相对少一些，更容易出现滥竽充数现象。

第一轮实训原计划是既没有成立公司也没有应聘到公司的学生可以扮演消费者，后来发现这样不行。那些扮演消费者的学生得到的锻炼会远远少于扮演公司职员和创业者的学生，而且单一扮演消费者的学生不参与公司任务就没有成绩。因此，所有学生都要加入公司，不需要专门的消费者扮演者，公司成员本身也是消费者。

模拟公司不要轻言破产。在分组过程中有的学生中途宣布破产，后果是造成一个小组的解散，这时要告诉公司的创办者随意破产是对小组成员的不负责任。

同时还要告诉这个小组，没有恒心和毅力是做不成事的，在现实中很多创业者就是缺乏毅力、轻言放弃才没有成功，大家要正视挫折与困难。教学中出现的这类事件既是创业常识教育的机会也是思政教育的机会，教师要借机开展思政教育。

分组方法要改良，小组的数量不能太少，也不能太多。教学实践告诉我们，每个小组的人数要大体相当，组与组之间人数不能相差太多。可以适当鼓励学生创办咨询服务类公司。例如，第二轮教学实践中有学生成立了猎头公司、金融公司等咨询服务类公司。这类公司提供的是服务，服务对象可以是模拟公司也可以是个人，其业务更接近现实，学生要掌握的知识更丰富，更能锻炼学生的能力和服务意识。

在分组过程中教师除了要充分发挥学生的自我组织、自我管理，在发现问题时更要及时引导和讲解。例如，在注册公司过程中出现一些学生被模拟市场监督管理局人员刁难时，要告诉学生在现实社会中不是所有事情都是一帆风顺的。另外，在分组过程中教师既要及时纠正错误，也要及时表扬好的创新点子。

### 三、教学准备的注意事项

模拟公司的成立不能太随便，要有一个筛选的过程，公司经营前景问题要事先考虑周全，尽量避免经营不下去的情况出现。在第二轮教学实践中出现过有学生因盲目创业导致中途无法经营下去的现象。因此，分组时要提醒学生在公司成立之初要考虑业务的盈利模式以及业务的持续性，要考虑公司的可持续发展问题。

每个小组的学生上课时可以坐在一起，这样哪些学生有小组，哪些学生没有小组一目了然，而且也方便集体做作业和完成任务。

基于工作过程的德技创融合模拟实践课可以合班上，人越多模拟效果越好。人多就能更多地展现出各类人的性格特征，就会更接近社会现实，而且人多可以多分组，互动活动的参与人也会更多，就更接近真实的社会。

分组任务完成后要引导学生进行反思，检验自己的学习情况，自己是否具备创新创业能力和精神，营销工作的完成情况，自己有哪些需要提高的地方。

### 四、需要改进的地方

两轮教学实践在教学准备方面都有需要改进的地方。首先，教学准备要充分，做好教学过程的系统设计，制定好游戏规则；其次，重视对教学助理的选择和分组工作。

1.做好系统设计，制定好游戏规则

对于一种新的课堂教学模式，教师没有可遵循的标杆和可借鉴的经验，自己要设计好整个教学过程，制定好课堂教学的规则。模拟实践教学的实质是在游戏中体会人生和学习知识，游戏必然有它的规则，一个好的游戏一定要有一系列规则。

2.选好人，分好组

（1）高度重视教学助理的选择

教师选的教学助理类似大学中的助教，不一定要选班里最优秀的学生，一定要选合适的学生。在选择教学助理时，如果自己对班级里的学生不熟悉，那么就请教一下班主任。

（2）高度重视分组工作

小组是一个个的模拟公司，要完成很多复杂的工作。分组成功，教学过程会更加顺畅，反之则会留有后患，所以在基于工作过程的德技创融合模拟实践教学中必须高度重视分组工作。

# 第二节　设计与布置任务

设计与布置任务是工作过程导向教学、项目教学、任务驱动教学的核心工作，也是基于工作过程的德技创融合模拟实践教学的核心工作。在新文科模拟实践教学中，教师在布置任务时最大限度地创设接近现实的情境是教师教学的关键环节。

## 一、要点

1.贴近实际工作

教师在基于工作过程的德技创融合模拟实践教学中，设计的任务要尽量贴近真实工作，切忌脱离实际。不同专业、不同课程布置的任务要有所不同，教师在设计任务之前最好深入企业了解实际工作流程，依据实际工作设计和布置任务。

2.任务难度适中

教师在基于工作过程的德技创融合模拟实践教学中，设计的任务难度要适中，在设计和布置任务之前要对学生的情况有深入了解，依据学生的学习基础设计和布置相应难度的任务。

通过两轮教学实践，笔者发现中职学生的基础不是很好，但是基本的任务必须布置，所以在作业方面适当降低标准，有时只要能写、敢上台讲就都给了比较高的分数。

## 二、注意事项

### 1.加强指导与管理

教师在布置任务时应当尽量让每个小组的学生坐到一起，完成任务时要预防有人"搭便车"，不劳而获。教师需要加强对小组完成作业情况的监督和指导，加强对组长组织管理能力的培养。一定要杜绝个别学生不参与模拟实践现象的发生，要确保每个人都能得到锻炼。

### 2.减少公司中途破产的情况

在完成任务的过程中教师对于轻易破产的公司要进行教育，要求其多考虑社会责任，随意放弃是没有担当的表现，是一种置公司成员利益于不顾的行为。同时，教师要提示学生，找工作时要找靠谱的老板，与他人合伙创办公司时更要慎重，要考查创业者的项目和创业者本人的能力。

另外，在教学中应减少模拟公司中途破产的情况发生，并不是说要杜绝和禁止中途破产，因为在现实生活中破产的公司不在少数，出现公司破产是符合现实创业规律的。

## 三、需要改进的地方

### 1.情境创设前可以加入思想动员的环节

在两轮教学实践中，笔者在发挥思政教育的作用、营造氛围和创设真实情境方面做得不够好。在布置任务创设情境之前可以加入思想动员的环节，通过讲一些与任务相关的励志故事或案例使学生尽快进入角色，这样既可以保证思政教育（德育）的效果，同时也可以激发学生的学习热情，提高学生的学习积极性。

### 2.适当激励

经过两轮教学实践，笔者感觉学生参与的积极性不高。笔者分析，除中职生学习成绩原因外，教师的激励也不够。因此，实训中应当有一些激励方式，例如，每次任务完成后可以给各个小组排名次以及在各个小组中评选标兵等。

### 3.增加分享环节

每次任务完成之后要给学生分享的机会，让学生论证任务的完成情况。这不仅可以让学生相互学习，还可以促进评分的公正性。

4.培养学生的组织能力

在教学实践中，教师要重视学生的组织能力、团队精神、自主学习能力、知识运用能力等各项能力的培养，尤其要培养组长的组织能力。组长不但要把所学知识加以运用，还要带动全组同学思考和学习；组长要会组织开会，想办法让学生真正投入角色中，让整个小组的每位学生都参与活动中。

# 第三节　教学评价体系

教学评价体系是教学的重要组成部分，好的教学法必须要有一个好的教学评价体系与之配套，在两轮教学实践中评价体系尚不完善。未来在开始教学之前一定要制定完善的评价体系，对学生进行学业或成绩考核的评分标准不仅要具体细致，还要尽可能把评分指标量化和具体化。

实践证明，很多学生对成绩还是比较看重的，评分体系做得好会促进教学，提高学生的积极性；反之，则会影响教学。

## 一、创新

教学过程中有学生建议，"小组之间互相帮助解决问题可不可以用学分交换"，这是一个值得思考和研究的问题。这种情况类似于现实社会的业务外包，公司通过付费的方式把自己的业务交给其他公司完成。在模拟教学中可以允许公司之间互相帮助，至于得到的帮助是不是要付费，需要用多少学分来换取什么样的帮助可以由双方协商解决。

## 二、要点

为了使评分活动尽量做到公平、公正，教师最好选公正无私的学生承担评分工作；还要想办法让所有的学生都参与活动，避免"搭便车"，不劳而获对于辛勤工作者是一种不公平；在完成任务时最好要求每个小组的学生坐在一起，这样可以在某种程度上避免有些学生不积极工作的现象发生。

## 三、需要改进的地方

1.适当监督评分委员会

由学生组成的评分委员会极容易出现"人情分"，为此，在选择评委时要慎重。笔者在教学实践中选择评委的办法存在一些不足，出现了"分分交易"问题，就是两个评委之间作弊，你给我的小组多打分，我给你的小组也多打分。为此，需要对评委的打分情况进行有效的监督，尽量保证评分工作的公正、公平。

2.持续改进评价体系

事物总是在不断发展变化的，所以评价体系需要持续改进，评价体系中应该有一些统计表格和数据表，有条件的学校还可以建立学生信息数据库。

## 第四节　教学法需要完善的地方

### 一、增加趣味性

兴趣是提高学习积极性的重要动力，基于工作过程的德技创融合模拟实践教学法可以增加一些趣味性。如何增加趣味性，主要还是看游戏规则的设置和教师的组织能力。

首先，要想办法让学生真正进入角色，只有进入角色才能体会其中的酸甜苦辣，才会产生兴趣。其次，要让学生找到快乐的感觉，设置一些通过努力可以自己解决的难题，让学生在解决问题的过程中体会成功的快乐。最后，可以适当用小节目活跃课堂气氛，也可以有选择性地给学生播放一些与教学内容相关的趣味视频活跃课堂气氛。

### 二、增加激励机制

完善的激励机制使人兴奋，产生动力，也会让人有成就感。

在基于工作过程的德技创融合模拟实践教学中，教师可以增加一些激励手段，借鉴网络游戏的激励方式，增加一些升级、积分、荣誉称号和奖励等内容，也可以把模拟实践教学设计成一种可以迭代升级的教育游戏，提高学生学习的积极性。

### 三、加强课堂管理

基于工作过程的德技创融合模拟实践教学的课堂是开放自由的，学生可以自由走动、随意交流，因此要加强课堂管理，要乱而有序才行。教师需要在课前制定详细的课堂规则，教学过程要严格按照事先制定好的规则执行，这样才可以使教学工作有条不紊。在教学过程中，要充分发挥教学助理、班级干部和组长的作用，推动学生的自我管理和自我监督。

## 四、尽量接近真实

教师在教学过程中要尽最大努力创设接近真实的模拟环境，同时要指导各模拟公司尽量把自己的虚拟产品形象化、具体化和可视化。

## 五、增加表达环节

为了更好地开展说与写的专门训练，教师在布置任务时可以增加语言表达环节，就是学生在做作业时不但要完成书面材料还要当众讲出来，要向大家讲解任务完成情况和完成过程。

## 六、扩大规模

基于工作过程的德技创融合模拟实践教学的教学过程参与的人越多越接近社会现实，越能够激发学生的社会属性，教师可以考虑多个班级合班上课。同专业同年级的学生在一起上课有利于培养学生的人际交往能力和沟通能力。

# 第三部分

教学参考资料（二维码）

资料一　公司相关知识　　　　　资料二　创新与创业　　　　　资料三　工商注册

资料四　招聘与面试知识　　　　资料五　公司组织　　　　　资料六　建设企业文化

资料七　财务报表　　　　　　　资料八　路演　　　　　　　资料九　开业庆典策划

资料十　新员工培训　　　　　　资料十一　采购计划书　　　　资料十二　市场调研与预测

资料十三　市场环境分析

资料十四　市场细分和
目标市场确定

资料十五　产品战略

资料十六 品牌、商标、
包装与流通加工

资料十七 定价策略

资料十八 广告策划

资料十九 促销方案

资料二十 公关策划

资料二十一 渠道策略

资料二十二 营销策划

资料二十三 商务谈判

资料二十四 产品推销

资料二十五 影响消费者
购买行为的因素分析

资料二十六 融资

资料二十七 风险控制

资料二十八
淘宝网开店流程

资料二十九
《中华人民共和国公司法》

# 参考文献

［1］鲍桂莲，冯爱秋，肖章柯，等．对国内高校创新创业教育状况的分析与思考［J］．中国电力教育，2011（35）：22-23．

［2］田英翠．模拟公司实践教学法探讨［J］．黑龙江教育（高教研究与评估），2011（2）：75-76．

［3］蒋和平．模拟公司教学模式在国际贸易实训教学中的应用［J］．中国电力教育，2011（23）：127-128．

［4］萧浩辉，陆魁宏，唐凯麟．决策科学辞典［M］．北京：人民出版社，1995．

［5］严玉康，沈涛．物流企业会计［M］．上海：立信会计出版社，2005．

［6］干胜道．创业财务规划［M］．北京：清华大学出版社，2005．

［7］崔霞．职业经理人培训效果综合评估体系研究［D］．上海：华东师范大学，2010．

［8］姜大源．职业教育学研究新论［M］．北京：教育科学出版社，2007．

［9］侯健英，刘幸福．会计基础［M］．北京：中国财富出版社，2020．

# 后 记

从言传身教到数字化教学，经过漫长的岁月洗礼衍生出了很多的教学方法。然而，无论什么教学方法都是由教与学两部分组成。教与学是传递和接收的关系，归根到底教离不开"言传身教"，学离不开"见闻力行"。在古代，学问的获得依赖于读书，教师主要是教人读书，所以人们也把教师称为"教书先生"或"教书匠"；在技能学习方面，主要采取"手把手"的教学方式，通常是一个师傅带几个徒弟，大多是一对一地传授技艺。古人注重因材施教，即使是一个师傅教出来的徒弟也可能各有所长。在现代，做学问仍然是以读书为主，而技能传授上的"手把手"教学方式已经不再是主流。现代多以班级为单位进行授课，以集体教学的方式传播技术。

2021年4月，全国职业教育大会创造性提出了建设技能型社会的理念和战略。建设技能型社会需要培养技能型人才，技能型人才的培养既要言传又要身教，而职业院校缺少具有实践经验的教师，尤其是有企业实践经历的教师更少。目前，虽然提出了产教融合、工学结合和培养双师型教师等一系列行之有效的举措，但是短期内还是很难解决技能型教师不足的问题，本书的出版对此问题可以起到一定的缓解作用，缺乏实践经验的教师可以借鉴本书提及的教学法授课。

教学法只是一种方法，要想上好课，教师尤其是职业院校教师一定要与时俱进，不断学习理论知识和专业技能，不断提高个人的业务水平。

刘幸福

2024年10月

# 致　谢

　　《基于工作过程的德技创融合模拟实践教学》的成书经历了四年的实践、三年的撰写和三年的修订，历时十年。在教学实践过程中，北部湾职业技术学校15级营销1班、2班和16级营销1班、2班的全体学生作为该教学法的实践对象和参与者，他们不仅积极配合模拟实践教学的实验，还对模拟实践教学法提出了大量的建议和意见。为此，我在这里要向北部湾职业技术学校15级营销1班、2班和16级营销1班、2班的全体学生表示衷心的感谢，感谢他们的支持和帮助。同时，还要感谢在人生旅途中给予我帮助与支持的亲朋好友和同事，感谢生命中的所有贵人。

刘幸福

2024年10月